会社別就活ハンドブックシリーズ

2025

タカラトミーの
就活ハンドブック

就職活動研究会 編
JOB HUNTING BOOK

は じ め に

　2021年春の採用から，1953年以来続いてきた，経団連（日本経済団体連合会）の加盟企業を中心にした「就活に関するさまざまな規定事項」の規定が，事実上廃止されました。それまで卒業・修了年度に入る直前の3月以降になり，面接などの選考は6月であったものが，学生と企業の双方が活動を本格化させる時期が大幅にはやまることになりました。この動きは2022年春そして2023年春へと続いております。

　また新型コロナウイルス感染者の増加を受け，新卒採用の活動に対してオンラインによる説明会や選考を導入した企業が急速に増加しました。採用環境が大きく変化したことにより，どのような場面でも対応できる柔軟性，また非接触による仕事の増加により，傾聴力というものが新たに求められるようになりました。

　『会社別就職ハンドブックシリーズ』は，いわゆる「就活生向け人気企業ランキング」を中心に，当社が独自にセレクトした上場している一流・優良企業の就活対策本です。面接で聞かれた質問にはじまり，業界の最新情報，さらには上場企業の株主向け公開情報である有価証券報告書の分析など，企業の多角的な判断・研究材料をふんだんに盛り込みました。加えて，地方の優良といわれている企業もラインナップしています。

　思い込みや憧れだけをもってやみくもに受けるのではなく，必要な情報を収集し，冷静に対象企業を分析し，エントリーシート作成やそれに続く面接試験に臨んでいただければと思います。本書が，その一助となれば幸いです。

　この本を手に取られた方が，志望企業の内定を得て，輝かしい社会人生活のスタートを切っていただけるよう，心より祈念いたします。

就職活動研究会

Contents

第**1**章

タカラトミーの会社概況

会社によって選考方法は千差万別。面接で問われる内容や採用スケジュールもバラバラだ。採用試験ひとつとってみても，その会社の社風が表れていると言っていいだろう。ここでは募集要項や面接内容について過去の事例を収録している。

また，志望する会社を数字の面からも多角的に研究することを心がけたい。

✔ 企業理念

■創業理念

「創業理念」は会社の根幹をなすものであり、タカラトミーグループに脈々と引継がれ、拠り所とするものです。

われらの優良な商品で
世界の市場をにぎわせよう
誠意と努力は他を益し
自己の幸福の<ruby>基<rt>もとい</rt></ruby>となる

■企業理念

「企業理念」とは、タカラトミーグループが永続的に目指すべき企業集団の使命をいいます。

すべての「夢」の実現のために

こどもたちの「夢」の実現のために
わたしたちの「夢」の実現のために
株主の「夢」の実現のために
パートナーの「夢」の実現のために
社会の「夢」の実現のために

わたしたちは，新しい遊びの価値を創造します。

✔ 会社データ

所在地	本社 〒124-8511　東京都葛飾区立石7-9-10 青戸オフィス 〒125-8503　東京都葛飾区青戸4-19-16
設立	1953（昭和28）年1月17日 創業：1924年（大正13年）
資本金	34億5953万円
主な事業内容	玩具・雑貨・カードゲーム・乳幼児関連商品等の企画、製造および販売
従業員数	連結2,476人　単体562人 （2023年3月31日現在）

✔ 仕事内容

企画開発

多数のアイデアの中から実際に商品化するおもちゃを選定し、企画を具現化していきます。

技術開発・設計

企画を具現化するためのギミックや仕組み、デザインを考え、大量生産に向けて量産設計を行います。

生産

仕様が決定した製品を大量生産するために、工場の方々とやりとりをしながら、金型を手配し、生産を行います。

プロモーション

テレビ CM やカタログなどの広告物の制作など、商品のプロモーションプランの作戦と実行を行います。

営業

各小売店に当社の商品を置いていただけるよう、法人のバイヤーと商談を行い、売場の提案をします。

物流

期日までに各店舗や売り場に商品を届けられるよう、商品の手配や管理を行います。

販売

店頭でお客様に商品を買っていただけるよう、商品の楽しさが伝わるような売り場づくりを目指します。

管理部門

会社の基盤として、おもちゃづくりをサポートします。

✔ 先輩社員の声

デジタルとアナログの良さを融合し
未来のおもちゃを創っています

【キャラクタービジネス本部 Global BEYBLADE 事業部 デジタル企画開発課】

私の仕事は、2年先、3年先の商品をつくることです。おもちゃには今、新しいデジタル技術がどんどん入ってきています。私が手がけるスポーツバンド型のおもちゃでも、センサーが入っていて活動データを記録できたり、通信用のチップを組み込んでスマートフォンやゲーム機と通信したりすることができるようになっています。ただし、おもちゃにはデジタル技術だけでは体験できない楽しさが求められます。「実物を手にとった時の手触り」「かっこいい造形を見た時の感動」…、アナログの世界ならではのワクワクをデジタル技術とうまく融合することで、未来のおもちゃづくりに取り組んでいます。

おもちゃづくりが面白いのは、数値で表せないものづくりだから。仮に自動車であれば、「燃費が何パーセントよくなった」という具合に、機能の向上を数値で表すことができ、それがそのまま「地球環境にやさしい」といった商品価値になります。一方、おもちゃはどうかというと、「遊んだ人が面白いと感じる」という商品価値は、数値で表すことはできません。技術的な数値でとらえることができない遊ぶ人のワクワクやドキドキにとことん向き合い、技術を使っておもちゃという形にしていく。そこにおもちゃを創る仕事ならではの難しさと楽しさがあります。

タカラトミーグループという会社を一言で表現するなら、「部活」。ヒット商品を作るという目的に向かって、チームで協力しあいながらゴールを目指していく。その過程や雰囲気は、まさにサッカーや野球の部活のようです。チームのメンバーは、それぞれに得意分野を持ち、自分の能力をチームのために発揮することでおもちゃづくりが進んでいきます。では私自身の強みは何か？というと、技術の活用。これまでにない技術をおもちゃに取り入れる役割を果たすことで、子どもたちの心を力強くつかむ商品をつくりたいと思います。

デザイナーであり
エンジニアでもある「開発」

【ブランドビジネス本部 ブランドビジネス事業室 プラレール事業部 企画開発課】

プラレールの開発に携わっています。企画部門と打ち合わせして商品のアイデアを練りあげ、図面に起こし、機構サンプルをつくって検討、３Ｄプリンターで試作、何段階にもわたる調整を加えながら、具体的なカタチへと仕上げていく。商品のラベルづくりに至るまで、「多くの工程を」社内で行っています。一般企業でいう「開発」とはひと味違う、デザイナー的な要素やエンジニア的要素も兼ね備えた仕事ですね。玩具という性質上、安全の基準は非常に高く設定されており、部品ひとつをとっても、安全性への配慮が欠かせません。それと「遊ぶ面白さ」とを両立させるところが、私たちの腕の見せどころですね。

私は「動力を持った製品のデザイン」に関わりたいと思い、玩具業界の中でも面白いギミックを持った製品を多くつくっているタカラトミーを選びました。いま、思っていた通りの仕事ができており、とても満足しています。2018 年末に発売した「はじめてのプラレール おでかけトーマス」は、1 歳半から遊べる玩具で、走らせるとトーマスの中のビーズがシャラシャラ回転して音がなります。一見単純に見えますが、開発にあたってはビーズの形状、個数をいろいろ試し、最適なものを選びました。また、手でもって動かしたときに、ぐらぐらと揺れる感触が得られるように、わざと車輪の軸を中心から少しずらしています。

それ以前に開発を担当した「蒸気がシュッシュッ！トーマスセット」は、一両目の車体内にスピーカーやバッテリー、回転を検出する機構、超音波で蒸気を出すユニットと余剰の水を排出するパーツを搭載しています。トーマスの外観を損なわないように、ギミックをコンパクトに配置することに苦労しましたね。水を扱うため、水流の検証や防水対策などにも時間をかけました。また、量産開始の立ち会いで、タイの自社工場にも出張しました。努力した甲斐があり、日本おもちゃ大賞を受賞できました。凄い技術を持った先輩や、面白い感性の同僚たちに囲まれて仕事ができるのも、この会社ならではですね。

売上高の規模を超える影響力を
世の中に対して持っている会社です

【経理財務室 経理部】

就職活動では、漠然とですが「メーカーで経理をしたい」と考えていました。なぜメーカーに興味を持ったかというと、「自分の会社、自社の製品に関するお金の流れを管理する仕事は面白そうだ」と感じたからです。そしてフィギュアやアニメが好きだったこともあり、「少しでも興味が持てる分野へ」と玩具メーカーを志望しました。タカラトミーグループに入社して感じることは、柔らかい空気。利益を追求しながらも、和気あいあいとした雰囲気があるところが、とても気に入っています。

現在は経理部門に所属し、実施棚卸や税金に関する業務を担当しています。実施棚卸とは、決算期末の製品や材料等の残高を確認するために、実際に在庫量を計量する手続きです。また税金関係では、法人税等の計算と確定申告業務を行っています。その他、タカラトミーグループらしい業務だと思いますが、新しい商品や事業の支援も行います。たとえば、会社として初めてクラウドファンディングの仕組みを利用して限定商品を販売するという企画を実施した際に、関係する部門から経理処理についての相談を受けアドバイスをしたことがあります。

誰もが一度は手にする玩具をビジネスにするタカラトミーグループは、売上高の規模以上に世の中に対しての影響力を持っていると感じます。仕事やプライベートで付き合いのあるたくさんの人たちから「自分も昔、プラレールで遊んでいました」「うちの子どもは、トミカが大好きです」といった話をよく聞きます。そんな時、私はいつもタカラトミーグループの影響力を強く感じ、少し誇らしい気持ちになります。タカラトミーグループは今、海外でも積極的に事業を展開し、世界中の人々に影響力を持つ会社になろうとしています。そうした中で、よりグローバルな専門知識やコミュニケーション力を修得し、頼れる経理パーソンとして成長していきたいと考えています。

✔ 募集要項

募集職種	総合職　　　　　技術系総合職 管理系総合職　　企画開発系総合職
対象学歴	短大、専門、高専、大学、大学院卒
勤務地	立石本社ビル（東京／葛飾区） 青戸オフィス（東京／葛飾区） ※将来的に他事業所や海外現地法人での勤務の可能性も 　あります。
勤務時間	9：00〜17：30（休憩時間12：00〜13：00） ※定時勤務／フレックスタイム勤務あり（新入社員は定 　時勤務）
初任給（月給）	短大卒／専門卒：195,998円 高専本科卒：200,006円 大学卒／高専専科卒：220,046円 大学院卒：234,742円
諸手当	職位手当、みなし残業手当、世帯手当、子手当、通勤手 当、時間外勤務手当、深夜勤務手当、休日勤務手当　他
賞与	基準賞与　年2回（6月・12月）　／　業績賞与　年1 回（6月）
昇給	年1回（4月）
休日・休暇	週休2日制（土日祝、当社カレンダーによる）※年数回 土曜・祝日の出社あり 年末年始・GW・夏季 ※年間休日125日 有給休暇（初年度10日間）、半日有給、リフレッシュ休暇、 アニバーサリー休暇、育児休業制度、介護休業制度、慶 弔休暇　他
待遇・福利厚生・ 社内制度	社会保険完備（健康保険、厚生年金、雇用保険、労災保 険）、確定拠出企業年金、財形貯蓄制度（利子補給制 度あり）、共済会、社員持株会、退職金制度 、慶弔見 舞金、失効有給休暇制度、社員購入割引制度　他

✔ 採用の流れ （出典：東洋経済新報社『就職四季報』）

エントリーの時期	【総・技】3月〜4月
採用プロセス	【総】ES提出（3〜4月）→Web試験→面接（オンライン）→セミナー（オンライン）→面接（2回，オンライン含む）→内々定 【技】ES提出（3〜4月）→Web試験→セミナー（オンライン）→面接（2回，オンライン含む）→内々定

採用実績数		大卒男	大卒女	修士男	修士女
	2022年	6 （文：4 理：2）	9 （文：9 理：0）	1 （文：0 理：1）	0 （文：0 理：0）
	2023年	15 （文：8 理：7）	11 （文：10 理：1）	5 （文：1 理：4）	1 （文：1 理：0）
	2024年	10 （文：8 理：2）	15 （文：14 理：1）	3 （文：0 理：3）	2 （文：2 理：0）

採用実績校	【文系】 （大学院）大阪大学，立教大学 （大学）千葉大学，関西学院大学，早稲田大学，日本大学，法政大学，明治学院大学，上智大学，成城大学，多摩美術大学，中央大学　他 【理系】 （大学院）京都工芸繊維大学，東京海洋大学 （大学）日本大学，明治大学，マンチェスター大学 （高専）近畿大学工業高等専門学校，長野工業高等専門学校　他

✔2023年の重要ニュース (出典：日本経済新聞)

■タカラトミー、「月面ロボ」を9月発売　地球で疑似探査 (4/13)

　タカラトミーは13日、宇宙航空研究開発機構（JAXA）などと開発した変形型月面ロボットの再現モデルを9月2日に発売すると発表した。価格は2万7500円（税込み）で、全国の店舗や電子商取引（EC）サイトで販売する。本物のロボは民間企業の月着陸船で月に向かっている。月面探査を地球で疑似体験したいという需要を取り込む。

　JAXAやソニーグループ、同志社大学と共同開発した月面ロボ「SORA-Q（ソラキュー）」を違う素材で再現した。直径は約8センチメートルで、実際に月に行く機体と同じ大きさだ。スマートフォンの操作で球体から走行可能な構造に変わるほか、写真も撮影できる。専用アプリに拡張現実（AR）技術を採用し、ゲーム感覚で月面探査の疑似体験ができる。

　タカラトミーは変形ロボ「トランスフォーマー」など、構造を変える技術に強みを持つ。これを活用し、月面に着陸すると球体が割れてカメラが出現する仕組みを実現した。球体部分が左右の車輪に変わり、同時あるいは交互に動かしながら月面の砂上を走る。

　13日の記者会見で、宇宙飛行士の野口聡一氏は「（再現した）ロボは金属で出来ており、国際宇宙ステーション（ISS）やスペースシャトルにあった機械の手触りに似ている」と話した。タカラトミーの高原文彦執行役員は「宇宙を身近に感じてもらいたい」と述べた。

　ソラキューは宇宙スタートアップのispace（アイスペース）が月面に向けて運航している月着陸船に搭載されている。着陸は最短で26日午前1時40分（日本時間）を予定している。計画が成功すればソラキューは月面に着陸した日本初のロボットになる。

■タカラトミー、「トミカ」など値上げ　原材料費高騰で (4/24)

　玩具大手のタカラトミーは24日、6月1日出荷分から一部商品を値上げすると発表した。ミニカー「トミカ」や鉄道模型「プラレール」、着せ替え人形「リカちゃん」など計73品のメーカー希望小売価格を平均8.5％引き上げる。原材料費や物流費の高騰が原因。2022年7月と9月にも別の商品を値上げしている。

■タカラトミー、大人向けプラレール　ロマンスカーなど（5/21）

　タカラトミーは定番の鉄道玩具「プラレール」から、大人向けシリーズ「リアルクラス」を展開する。6月22日に発売する第1弾は「小田急ロマンスカー3100形NSE」と「185系特急電車（踊り子・緑ストライブ）」。細かな造形にこだわり、大人も満足できる名列車を再現した。価格は各7700円。鉄道模型の初心者や親子遊びの需要を見込む。

　プラレールは1959年に発売され、日本国内では2023年3月末までに累計1962種類、1億8640万個以上を販売してきたロングセラー商品だ。実在する各鉄道会社の車両を商品化したものが多く、価格は2000～3000円程度が中心だ。

　通常のプラレールの対象年齢は3歳以上で、3～4歳の子どもが買ってもらうケースが多いという。一方で、同社が購買層を分析したところ、特に引退に合わせて発売した列車やクルーズトレインの商品で大人が一定層購入していることが分かった。

　同社の子会社「トミーテック」（栃木県壬生町）が展開している大人向けの鉄道模型「TOMIX」には数万円の商品もあり「プラレールと価格差が大きい」「気軽に遊ぶには難易度が高い」といった声も寄せられていた。そこで、「飾る楽しみ」と「走らせる楽しみ」を両立できる大人向けシリーズの展開を決めた。

　「小田急ロマンスカー3100形NSE」について、プラレール事業部ブランドマーケティング課の長沼豪主任は「パノラマ展望席の代名詞で憧れの名列車」と話す。1999年に引退したものの、ロマンスカーミュージアム（神奈川県海老名市）でもおなじみの車両だ。

　「185系特急電車」は1981年に運行開始し、2021年で定期運用を終了。長年運行し、引退セレモニーの来客人数が多かったことからファンが多いと考えた。

　リアルクラスのデザインは「本物らしさ」を随所で追求した。塗装の工程数を増やし大半の面に着色することで、プラスチックそのものの色ではない、質感のある色合いを実現。高さを出すことで車両の上のパンタグラフや空調設備も表現。車両内には座席も設置した。

✔ 受験者情報

自己分析はしっかりと行い，自分の強みとそれを裏付けるエピソードはしっかり語れるようにしておきましょう。

総合職 2019卒

エントリーシート
・形式：サイトからダウンロードした用紙に手で記入
・内容：左側は志望理由や趣味・特技，ガクチカなどを書く一般的な履歴書のようになっていて，右側はフリースペースになっている。

セミナー
・選考とは無関係
・服装：全くの普段着
・内容：企業の理念や商品，業務内容などの説明

筆記試験
・形式：Webテスト
・科目：SPI（英語／数学，算数／国語，漢字／性格テスト）

面接（個人・集団）
・雰囲気：普通
・回数：4回
・質問内容：ガクチカ，入社したい会社，入社してからやりたいこと，志望動機，今までで一番つらかったこと，自分が仕事をする理由など。

内定
・拘束や指示：特になし
・通知方法：電話
・タイミング：予定より早い

● その他受験者からのアドバイス
・ひとりひとりのエントリーシートにしっかり目を通してくれている印象。
・面接も特に和やかさはなく，おもちゃ業界らしくない堅い人が多かった。

これだけは誰にも負けない，譲れない強みを持ってください。そうすればタカラトミーは必ず答えてくれると思います。

総合職 2016卒

エントリーシート

・形式：指定の用紙に手で記入
・内容：白紙のページがあり，自由に表現ができる。

セミナー

・選考とは無関係

筆記試験

・形式：マークシート
・科目：SPI（英語／数学，算数／国語，漢字）

面接（個人・集団）

・雰囲気：和やか
・回数：5回
・質問内容：自己PR，今までで涙が出るほど悔しかった経験と乗り越えた経験，あなたがタカラトミーで力になれること，子供の頃にハマったおもちゃなど

グループディスカッション・グループワーク

・東京オリンピック後も外国人観光客を継続して呼びつつけるには

企業研究

・社長が変わり，方針も変わった年だったので調べることはたくさんありました。がどれも大切な事で，自分はこの方針でどうしていくべきか，自分だったらどうするかを考えながら調べました。

内定

・通知方法：電話

▶ その他受験者からのアドバイス

・優秀な人ではなく，夢をもち，熱意をもち，現状を打破ししてくれるような，何かしてくれそうな人をよく見ていてくれるところがよかったです。

✔ 有価証券報告書の読み方

01 部分的に読み解くことからスタートしよう

　「有価証券報告書（以下，有報）」という名前を聞いたことがある人も少なくはないだろう。しかし，実際に中身を見たことがある人は決して多くはないのではないだろうか。有報とは上場企業が年に１度作成する，企業内容に関する開示資料のことをいう。開示項目には決算情報や事業内容について，従業員の状況等について記載されており，誰でも自由に見ることができる。

　一般的に有報は，証券会社や銀行の職員，または投資家などがこれを読み込み，その後の戦略を立てるのに活用しているイメージだろう。その認識は間違いではないが，だからといって就活に役に立たないというわけではない。就活を有利に進める上で，お得な情報がふんだんに含まれているのだ。ではどの部分が役に立つのか，実際に解説していく。

■有価証券報告書の開示内容
　では実際に，有報の開示内容を見てみよう。

有価証券報告書の開示内容
第一部【企業情報】
第１【企業の概況】
第２【事業の状況】
第３【設備の状況】
第４【提出会社の状況】
第５【経理の状況】
第６【提出会社の株式事務の概要】
第７【提出会社の状参考情報】
第二部【提出会社の保証会社等の情報】
第１【保証会社情報】
第２【保証会社以外の会社の情報】
第３【指数等の情報】

有報は記載項目が統一されているため，どの会社に関しても同じ内容で書かれている。このうち就活において必要な情報が記載されているのは，第一部の第1【企業の概況】〜第5【経理の状況】まで，それ以降は無視してしまってかまわない。

02 企業の概況の注目ポイント

　第1【企業の概況】には役立つ情報が満載。そんな中，最初に注目したいのは，冒頭に記載されている【主要な経営指標等の推移】の表だ。

回次		第25期	第26期	第27期	第28期	第29期
決算年月		平成24年3月	平成25年3月	平成26年3月	平成27年3月	平成28年3月
営業収益	（百万円）	2,532,173	2,671,822	2,702,916	2,756,165	2,867,199
経常利益	（百万円）	272,182	317,487	332,518	361,977	428,902
親会社株主に帰属する当期純利益	（百万円）	108,737	175,384	199,939	180,397	245,309
包括利益	（百万円）	109,304	197,739	214,632	229,292	217,419
純資産額	（百万円）	1,890,633	2,048,192	2,199,357	2,304,976	2,462,537
総資産額	（百万円）	7,060,409	7,223,204	7,428,303	7,605,690	7,789,762
1株当たり純資産額	（円）	4,738.51	5,135.76	5,529.40	5,818.19	6,232.40
1株当たり当期純利益	（円）	274.89	443.70	506.77	458.95	625.82
潜在株式調整後1株当たり当期純利益	（円）	—	—	—	—	—
自己資本比率	（％）	26.5	28.1	29.4	30.1	31.4
自己資本利益率	（％）	5.9	9.0	9.5	8.1	10.4
株価収益率	（倍）	19.0	17.4	15.0	21.0	15.5
営業活動によるキャッシュ・フロー	（百万円）	558,650	588,529	562,763	622,762	673,109
投資活動によるキャッシュ・フロー	（百万円）	△370,684	△465,951	△474,697	△476,844	△499,575
財務活動によるキャッシュ・フロー	（百万円）	△152,428	△101,151	△91,367	△86,636	△110,265
現金及び現金同等物の期末残高	（百万円）	167,525	189,262	186,057	245,170	307,809
従業員数[ほか，臨時従業員数]	（人）	71,729[27,746]	73,017[27,312]	73,551[27,736]	73,329[27,313]	73,053[26,147]

　見慣れない単語が続くが，そう難しく考える必要はない。特に注意してほしいのが，**営業収益**，**経常利益**の二つ。営業収益とはいわゆる**総売上額**のことであり，これが企業の本業を指す。その営業収益から営業費用（営業費（販売費＋一般管理費）＋売上原価）を差し引いたものが**営業利益**となる。会社の業種はなんであれ，モノを顧客に販売した合計値が営業収益であり，その営業収益から人件費や家賃，広告宣伝費などを差し引いたものが営業利益と覚えておこう。対して経常利益は営業利益から本業以外の損益を差し引いたもの。いわゆる金利による収益や不動産収入などがこれにあたり，本業以外でその会社がどの程度の力をもっているかをはかる絶好の指標となる。

■会社のアウトラインを知れる情報が続く。

　この主要な経営指標の推移の表につづいて，「会社の沿革」，「事業の内容」，「関係会社の状況」「従業員の状況」などが記載されている。自分が試験を受ける企業のことを，より深く知っておくにこしたことはない。会社がどのように発展してきたのか，主としている事業はどのようなものがあるのか，従業員数や平均年齢はどれくらいなのか，志望動機などを作成する際に役立ててほしい。

03 事業の状況の注目ポイント

　第2となる【事業の状況】において，最重要となるのは**業績等の概要**といえる。ここでは1年間における収益の増減の理由が文章で記載されている。「○○という商品が好調に推移したため，売上高は△△になりました」といった情報が，比較的易しい文章で書かれている。もちろん，損失が出た場合に関しても包み隠さず記載してあるので，その会社の1年間の動向を知るための格好の資料となる。

　また，業績については各事業ごとに細かく別れて記載してある。例えば鉄道会社ならば，①運輸業，②駅スペース活用事業，③ショッピング・オフィス事業，④その他といった具合だ。**どのサービス・商品がどの程度の売上を出したのか**，会社の持つ展望として，今後**どの事業をより活性化**していくつもりなのか，などを意識しながら読み進めるとよいだろう。

■「対処すべき課題」と「事業等のリスク」

　業績等の概要と同様に重要となるのが，「**対処すべき課題**」と「**事業等のリスク**」の2項目といえる。ここで読み解きたいのは，その会社の**今後の伸びしろ**について。いま，会社はどのような状況にあって，どのような課題を抱えているのか。また，その課題に対して取られている対策の具体的な内容などから経営方針などを読み解くことができる。リスクに関しては法改正や安全面，他の企業の参入状況など，会社にとって決してプラスとは言えない情報もつつみ隠さず記載してある。客観的にその会社を再評価する意味でも，ぜひ目を通していただきたい。

　次代を担う就活生にとって，ここの情報はアピールポイントとして組み立てやすい。「新事業の○○の発展に際して……」，「御社が抱える●●というリスクに対して……」などという発言を面接時にできれば，面接官の心証も変わってくるはずだ。

最後に注目したいのが，第5【経理の状況】だ。ここでは，簡単にいえば【主要な経営指標等の推移】の表をより細分化した表が多く記載されている。ここの情報をすべて理解するのは，簿記の知識がないと難しい。しかし，そういった知識があまりなくても，読み解ける情報は数多くある。例えば**損益計算書**などがそれに当たる。

連結損益計算書

(単位：百万円)

	前連結会計年度 (自 平成26年4月1日 至 平成27年3月31日)	当連結会計年度 (自 平成27年4月1日 至 平成28年3月31日)
営業収益	2,756,165	2,867,199
営業費		
運輸業等営業費及び売上原価	1,806,181	1,841,025
販売費及び一般管理費	※1 522,462	※1 538,352
営業費合計	2,328,643	2,379,378
営業利益	427,521	487,821
営業外収益		
受取利息	152	214
受取配当金	3,602	3,703
物品売却益	1,438	998
受取保険金及び配当金	8,203	10,067
持分法による投資利益	3,134	2,565
雑収入	4,326	4,067
営業外収益合計	20,858	21,616
営業外費用		
支払利息	81,961	76,332
物品売却損	350	294
雑支出	4,090	3,908
営業外費用合計	86,403	80,535
経常利益	361,977	428,902
特別利益		
固定資産売却益	※4 1,211	※4 838
工事負担金等受入額	※5 59,205	※5 24,487
投資有価証券売却益	1,269	4,473
その他	5,016	6,921
特別利益合計	66,703	36,721
特別損失		
固定資産売却損	※6 2,088	※6 1,102
固定資産除却損	※7 3,957	※7 5,105
工事負担金等圧縮額	※8 54,253	※8 18,346
減損損失	※9 12,738	※9 12,297
耐震補強重点対策関連費用	8,906	10,288
災害損失引当金繰入額	1,306	25,085
その他	30,128	8,537
特別損失合計	113,379	80,763
税金等調整前当期純利益	315,300	384,860
法人税、住民税及び事業税	107,540	128,972
法人税等調整額	26,202	9,326
法人税等合計	133,742	138,298
当期純利益	181,558	246,561
非支配株主に帰属する当期純利益	1,160	1,251
親会社株主に帰属する当期純利益	180,397	245,309

　主要な経営指標等の推移で記載されていた**経常利益**の算出する上で必要な営業外収益などについて，詳細に記載されているので，一度目を通しておこう。
　いよいよ次ページからは実際の有報が記載されている。ここで得た情報をもとに有報を確実に読み解き，就職活動を有利に進めよう。

✔ 有価証券報告書

※抜粋

企業の概況

1 主要な経営指標等の推移

（1） 連結経営指標等 ··

回次		第68期	第69期	第70期	第71期	第72期
決算年月		2019年3月	2020年3月	2021年3月	2022年3月	2023年3月
売上高	（百万円）	176,853	164,837	141,218	165,448	187,297
経常利益	（百万円）	14,303	10,204	7,170	12,666	12,043
親会社株主に帰属する当期純利益	（百万円）	9,302	4,507	5,374	9,114	8,314
包括利益	（百万円）	11,653	3,840	6,029	13,460	11,923
純資産額	（百万円）	67,315	67,410	69,928	79,174	87,167
総資産額	（百万円）	143,364	129,253	147,614	156,090	159,519
1株当たり純資産額	（円）	700.26	703.07	742.45	860.74	950.39
1株当たり当期純利益金額	（円）	97.85	47.30	57.07	98.23	90.66
潜在株式調整後1株当たり当期純利益金額	（円）	97.63	47.25	57.04	98.17	90.59
自己資本比率	（％）	46.5	51.6	47.1	50.5	54.5
自己資本利益率	（％）	15.2	6.8	7.9	12.3	10.0
株価収益率	（倍）	11.7	16.1	17.6	12.4	16.3
営業活動によるキャッシュ・フロー	（百万円）	21,492	9,006	18,064	16,405	16,223
投資活動によるキャッシュ・フロー	（百万円）	△4,038	△3,381	△8,606	△2,488	△2,134
財務活動によるキャッシュ・フロー	（百万円）	△10,057	△12,274	6,817	△12,991	△13,689
現金及び現金同等物の期末残高	（百万円）	53,817	46,904	63,548	65,310	66,360
従業員数 [外、平均臨時雇用者数]	（人）	2,665 [1,650]	2,568 [1,681]	2,379 [1,558]	2,418 [1,412]	2,476 [1,384]

（注） 1. 「収益認識に関する会計基準」（企業会計基準第29号　2020年3月31日）等を第71期の期首から適用しており，第71期以降に係る主要な経営指標等については，当該会計基準等を適用した後の指標等となっております。

2. 当社は第71期より「役員向け株式交付信託」及び「執行役員等向け株式交付信託」を導入しており，当該信託が保有する当社株式を連結財務諸表において自己株式として計上しております。これに伴

ⓟⓞⓘⓝⓣ 主要な経営指標等の推移

　　数年分の経営指標の推移がコンパクトにまとめられている。見るべき箇所は連結の売上，利益，株主資本比率の3つ。売上と利益は順調に右肩上がりに伸びているか，逆に利益で赤字が続いていたりしないかをチェックする。株主資本比率が高いとリーマンショックなど景気が悪化したときなどでも経営が傾かないという安心感がある。

い，第71期以降，当該信託が保有する当社株式を1株当たり当期純利益金額及び潜在株式調整後1株当たり当期純利益金額の算定上，期中平均株式数の計算において控除する自己株式数に含めております。

（2） 提出会社の経営指標等 ···

回次		第68期	第69期	第70期	第71期	第72期
決算年月		2019年3月	2020年3月	2021年3月	2022年3月	2023年3月
売上高	（百万円）	90,403	83,474	69,598	77,078	81,920
経常利益	（百万円）	10,456	7,465	6,087	6,342	9,496
当期純利益又は当期純損失（△）	（百万円）	△8,472	4,979	4,935	4,341	6,688
資本金	（百万円）	3,459	3,459	3,459	3,459	3,459
発行済株式総数	（株）	96,290,850	96,290,850	96,290,850	94,990,850	94,990,850
純資産額	（百万円）	42,779	44,305	45,980	46,392	49,426
総資産額	（百万円）	95,222	87,377	102,943	116,035	111,737
1株当たり純資産額	（円）	446.95	463.81	486.75	502.95	538.17
1株当たり配当額（内1株当たり中間配当額）	（円）	24.00 (7.00)	30.00 (15.00)	17.50 (7.50)	32.50 (10.00)	32.50 (17.50)
1株当たり当期純利益金額又は1株当たり当期純損失金額（△）	（円）	△89.12	52.25	52.41	46.79	72.93
潜在株式調整後1株当たり当期純利益金額	（円）	－	52.20	52.38	46.76	72.87
自己資本比率	（％）	44.7	50.3	44.3	39.7	44.1
自己資本利益率	（％）	△18.1	11.5	11.0	9.5	14.0
株価収益率	（倍）	－	14.6	19.2	26.1	20.3
配当性向	（％）	－	57.4	33.4	69.5	44.6
従業員数 ［外、平均臨時雇用者数］	（人）	509 [129]	541 [131]	547 [93]	557 [77]	562 [69]
株主総利回り （比較指標：東証業種別 － その他製品）	（％） （％）	106.78 (85.88)	74.73 (93.17)	98.58 (133.28)	121.34 (139.34)	148.12 (135.34)
最高株価	（円）	1,444	1,594	1,101	1,317	1,512
最低株価	（円）	854	667	704	916	1,129

（注） 1. 第68期の潜在株式調整後1株当たり当期純利益金額については，潜在株式は存在するものの，1株当たり当期純損失金額であるため記載しておりません。

2. 第68期の株価収益率及び配当性向については，当期純損失のため記載しておりません。

3. 第68期の1株当たり配当額には，創業95周年記念配当10円を含んでおります。

4. 最高株価及び最低株価は2022年4月4日より東京証券取引所（プライム市場）におけるものであり，

それ以前は東京証券取引所（市場第一部）におけるものであります。

5. 「収益認識に関する会計基準」（企業会計基準第29号　2020年3月31日）等を第71期の期首から適用しており，第71期以降に係る主要な経営指標等については，当該会計基準等を適用した後の指標等となっております。

6. 当社は第71期より「役員向け株式交付信託」及び「執行役員等向け株式交付信託」を導入しており，当該信託が保有する当社株式を財務諸表において自己株式として計上しております。これに伴い，第71期以降，当該信託が保有する当社株式を1株当たり当期純利益金額及び潜在株式調整後1株当たり当期純利益金額の算定上，期中平均株式数の計算において控除する自己株式数に含めております。

2　沿革

　当社は，1989年3月1日付をもってトミー工業株式会社が経営基盤の拡充を図るために販売子会社旧株式会社トミーを吸収合併し，同時に商号を株式会社トミーに変更，さらに2006年3月1日付で株式会社トミー（存続会社）と株式会社タカラが合併，同時に商号を株式会社タカラトミーに変更いたしました。従いまして，以下の沿革の1989年3月1日付の販売子会社旧株式会社トミーの吸収合併前の状況に関しては，トミー工業株式会社（株式会社トミー）の沿革を記載し，2006年3月1日付の株式会社タカラとの合併前に関しては，株式会社トミーの沿革を記載しております。

年月	沿革
1953年1月	・大型金属玩具の製造を行う合資会社三陽玩具製作所を改組して，三陽工業株式会社を設立。
1959年3月	・営業部門を分離独立，販売子会社富山商事株式会社を設立。
1961年10月	・プラスチック・レールを使用した鉄道玩具「プラレール」を発売。
1963年3月	・三陽工業株式会社をトミー工業株式会社に，富山商事株式会社を株式会社トミーに，それぞれ商号変更。
1969年4月	・東京都葛飾区立石に本社社屋を新築。
1970年8月	・香港にTOMY（Hong Kong）Ltd.を設立。
同上	・ダイキャストミニカー「トミカ」を発売。
1977年4月	・東京都葛飾区立石に本社ビル本館を新築。
1982年12月	・イギリスにTOMY UK Ltd.（現TOMY UK Co.,Ltd.）を設立。
1983年4月	・東京ディズニーランドにオフィシャルスポンサーとして参加。

1985年9月	・フランスにTOMY France SARL. を設立。
1986年6月	・トミー流通サービス株式会社(現株式会社タカラトミーマーケティング)を設立。
1987年10月	・タイにTOMY(Thailand)Ltd. を設立。
1988年2月	・株式会社ユージン(現株式会社タカラトミーアーツ)を設立。
1989年3月	・販売子会社旧株式会社トミー(旧富山商事株式会社)を吸収合併,同時に商号を株式会社トミーに変更。
1990年1月	・トミー興産株式会社(現株式会社タカラトミーアイビス)を設立。
1994年4月	・株式会社ユーメイト(現株式会社タカラトミーアーツ)を設立。
1996年3月	・株式会社トミーテックを設立。
1996年8月	・株式会社ユーエース(現株式会社タカラトミーマーケティング)を設立。
1996年10月	・トミーシステムデザイン株式会社(現株式会社タカラトミーアイビス)を設立。
1997年9月	・日本証券業協会に株式を店頭登録。
1998年2月	・米国にTOMY Corporation を設立。
1998年11月	・米国ハスブロ社より同社及び同社グループ商品の日本における独占的販売権を取得。
1999年3月	・東京証券取引所市場第二部に上場。
2000年3月	・東京証券取引所市場第一部に指定。
2000年12月	・ウォルト・ディズニー・インターナショナル・ジャパン株式会社と国内トイ市場における包括的ライセンス契約を締結。
2001年5月	・株式会社トミーデベロップメントセンター(現株式会社タカラトミーアイビス)を設立。
2001年12月	・株式会社ハートランド(現株式会社タカラトミーアーツ)を設立。
2003年1月	・株式会社トミーゼネラルサービス(現株式会社タカラトミーアイビス)を設立。
2004年6月	・中国にTOMY(Shenzhen)Ltd. を設立。
2004年9月	・中国にTOMY(Shanghai)Ltd. を設立。
2005年7月	・和興株式会社(現株式会社タカラトミーアーツ)の株式を取得し子会社化。
2005年8月	・株式会社タカラと合併契約締結。
2005年12月	・子会社株式会社ユージン(現株式会社タカラトミーアーツ)がJASDAQ証券取引所に株式上場。
2006年1月	・玩具菓子事業を分社化し,株式会社すばる堂(現株式会社タカラトミーアーツ)を設立。
2006年3月	・株式会社タカラと合併し,商号を株式会社タカラトミーに変更。
同上	・株式会社ティンカーベルの株式を取得し子会社化。

(point) 沿革

どのように創業したかという経緯から現在までの会社の歴史を年表で知ることができる。過去に行った重要なM&Aなどがいつ行われたのか,ブランド名はいつから使われているのか,いつ頃から海外進出を始めたのか,など確認することができて便利だ。

2006年6月	・香港にアジア支店を設立。
2006年8月	・東京都葛飾区立石に本社ビル新館を新築。
2007年3月	・TPGとの戦略的資本・事業提携を発表。
2007年5月	・株式会社キデイランドの株式を取得し子会社化。
2007年6月	・買収防衛策を導入。
2007年9月	・中国生産拠点の大幅な環境変化に伴い，ベトナムでの生産を開始。
2008年2月	・株式会社インデックス・ホールディングスとの業務提携を発表及び第三者割当増資を引受け。
2008年7月	・株式会社ユージン（現株式会社タカラトミーアーツ）を完全子会社化。
2008年8月	・株式会社ティーツーアイエンターテイメント（現株式会社タカラトミーフィールドテック）の株式を追加取得し子会社化。
2009年1月	・株式会社ユージンを存続会社として，株式会社ユーメイト，株式会社ハートランド，株式会社すばる堂と合併し，商号を株式会社タカラトミーアーツに変更。
2009年5月	・丸の内キャピタル株式会社との戦略的資本・事業提携を発表。
2010年5月	・千葉県市川市に市川物流センターを開設。
2011年3月	・米国のRC2 Corporation（現TOMY Internationalグループ）の株式公開買付を開始。
2011年4月	・TOMY Internationalグループの買収完了し，連結子会社化。
2011年8月	・Boon, Inc.及びKeen Distribution, LLCの両社を事業譲渡により取得。
2013年3月	・株式会社タカラトミーマーケティングを存続会社とし，株式会社タカラトミーロジスティクスを吸収合併。
2014年9月	・株式会社タカラトミービジネスサービスを存続会社とし，株式会社タカラトミーエンジニアリング，トミー興産株式会社を吸収合併し，商号を株式会社タカラトミーアイビスに変更。
2014年12月	・TPGとの戦略的資本・事業提携を解消。
2015年2月	・TOMY Asia Limitedを設立。
2015年5月	・丸の内キャピタル株式会社との戦略的資本・事業提携を解消。
2015年8月	・アジア支店の事業をTOMY Asia Limitedに移管。
2015年12月	・株式会社ティンカーベルの全株式を売却。
2016年8月	・シンガポールにTOMY SOUTHEAST ASIA PTE. LTD.を設立。
2018年6月	・ベトナムにTOMY（Vietnam）Co.,Ltd.を設立。
2020年10月	・TOMY International, Inc.がFat Brain Holdings, LLCの持分を取得し子会社化。

| 2022年4月 | ・東京証券取引所の市場区分見直しにより，東京証券取引所市場第一部からプライム市場に移行。 |
| 2022年11月 | ・米国にT-LicensingInc.を設立。 |

3　事業の内容

　当企業集団は，㈱タカラトミー（当社）及び子会社35社，関連会社3社により構成されております。

　当社グループの営む主な事業と，当社グループを構成する主な会社の当該事業における位置付けは次のとおりであります。

　なお，以下の報告セグメントは「第5　経理の状況　1　連結財務諸表等　（1）連結財務諸表　注記事項」に掲げるセグメント区分と同一であります。

報告セグメント	事業内容	主な会社名
日本	企画・製造・販売等	当社、㈱トミーテック、㈱タカラトミーアーツ、㈱タツノコプロ※1
	販売	㈱タカラトミーマーケティング、㈱キデイランド、㈱タカラトミーフィールドテック、㈱ペニイ
	シェアードサービス不動産賃貸等	㈱タカラトミーアイビス
アメリカズ	企画・製造・販売等	TOMY Corporation、TOMY Holdings, Inc.、TOMY International, Inc.、Learning Curve International, Inc.、Fat Brain Holdings, LLC、T-Licensing Inc.※2
	販売	TOMY Canada Limited、TOMY Shop, Inc.
欧州	企画・製造・販売等	TOMY Europe (Holdings) Limited
	販売	TOMY UK Co.,Ltd.、TOMY France SARL.、TOMY Deutschland GmbH
オセアニア	販売	TOMY Australia Pty Ltd.
アジア	開発・設計・生産等	TOMY (Hong Kong) Ltd.、TOMY (Shenzhen) Ltd.、TOMY (Thailand) Ltd.、TOMY (Vietnam) Co., Ltd.
	販売等	TOMY (Shanghai) Ltd.、T-ARTS Korea Co.,Ltd.、RC2 (Asia) Limited、TOMY Asia Limited、TOMY SOUTHEAST ASIA PTE. LTD.

※1　（株）タツノコプロは持分法適用の関連会社であり，それ以外はすべて連結子会社であります。
※2　2022年11月1日付で，T-LicensingInc.を設立し，連結子会社としました。

(point) **事業の内容**

　会社の事業がどのようにセグメント分けされているか，そして各セグメントではどのようなビジネスを行っているかなどの説明がある。また最後に事業の系統図が載せてあり，本社，取引先，国内外子会社の製品・サービスや部品の流れが分かる。ただセグメントが多いコングロマリットをすぐに理解するのは簡単ではない。

主な事業の系統図は次のとおりであります。

→　製品・サービスの提供
※印は持分法適用関連会社

4 関係会社の状況

（関係会社の状況）

(1) 親会社 ···

該当事項はありません。

(2) 連結子会社 ···

名称	住所	資本金	事業内容	議決権の所有割合等	関係内容				摘要
					役員の兼任等	資金援助	営業上の取引	設備の賃貸借	
㈱トミーテック	栃木県下都賀郡壬生町	百万円 100	鉄道模型等の企画製造販売	% 100	無	－	当社製品の製造等の委託、ロイヤリティの受取	事務所建物の賃貸	－
㈱タカラトミーマーケティング	東京都葛飾区	100	玩具等の卸販売・ロジスティクス	100	〃	資金借入	当社製品の販売・保管・運送等の委託、ロイヤリティの受取	〃	(注) 1・3・5
㈱キデイランド	東京都千代田区	100	玩具雑貨等の販売	100	〃	資金借入	ロイヤリティの受取	－	(注) 3
㈱タカラトミーアイビス	東京都葛飾区	50	管理業務等の受託、当社製品のアフターサービス、情報システム開発運用、不動産賃貸・管理等	100	〃	資金借入	管理業務等の委託、当社製品のアフターサービス、当社情報システム開発・運用、当社不動産管理の委託	事務所建物の賃貸	(注) 3
㈱タカラトミーアーツ	東京都葛飾区	100	カプセル玩具・玩具雑貨・アミューズメント機器等の企画製造販売、アパレルの企画製造販売等	100	有	資金借入	ロイヤリティの受取	〃	(注) 3・5
㈱タカラトミーフィールドテック	東京都葛飾区	357	ショップ・イベント運営、売場開発・メンテナンス事業等	100	無	運転資金	ロイヤリティの受取	〃	(注) 1
㈱ペニイ	東京都葛飾区	50	カプセル玩具・アミューズメント機器等の販売	100 (100)	〃	－	－	〃	(注) 2

---

point 関係会社の状況

主に子会社のリストであり、事業内容や親会社との関係についての説明がされている。特に製造業の場合などは子会社の数が多く、すべてを把握することは難しいが、重要な役割を担っている子会社も多くある。有報の他の項目では一度も触れられていない場合が多いので、気になる会社については個別に調べておくことが望ましい。

名称	住所	資本金	事業内容	議決権の所有割合	関係内容				摘要
					役員の兼任等	資金援助	営業上の取引	設備の賃貸借	
TOMY Corporation	米国イリノイ州オークブルック市	米ドル 501	乳幼児製品・玩具等の企画製造販売等	% 100	有	－	－	－	(注) 1
TOMY Holdings, Inc.	米国イリノイ州オークブルック市	米ドル 1	〃	100 (100)	〃	－	－	－	(注) 2
TOMY International, Inc.	米国アイオワ州ダイアースビル市	－	〃	100 (100)	無	－	当社製品の販売等	－	(注) 1・2・5
Fat Brain Holdings, LLC	米国ネブラスカ州オマハ市	米ドル 44,988千	〃	100 (100)	〃	－	－	－	(注) 1・2
Learning Curve International, Inc.	米国イリノイ州オークブルック市	米ドル 1	〃	100 (100)	〃	－	－	－	(注) 2
T-Licensing Inc.	米国デラウェア州ドーバー市	米ドル 1	〃	100	有	－	－	－	－
TOMY Canada Limited	カナダオンタリオ州トロント市	米ドル 1	乳幼児製品・玩具等の販売	100 (100)	無	－	－	－	(注) 2
TOMY Shop, Inc.	米国アイオワ州ダイアースビル市	米ドル 1	〃	100 (100)	〃	－	－	－	(注) 2
TOMY Europe (Holdings) Limited	英国デヴォン州エクセター市	英ポンド 2千	乳幼児製品・玩具等の企画製造販売等	100 (9.9)	有	－	－	－	(注) 2
TOMY UK Co.,Ltd.	英国デヴォン州エクセター市	英ポンド 177	乳幼児製品・玩具等の販売	100 (100)	〃	運転資金	債務保証等	－	(注) 2・4
TOMY France SARL.	仏国アルシャン市	ユーロ 1,000千	〃	100 (100)	〃	－	－	－	(注) 2
TOMY Deutschland GmbH	独国ノルトライン＝ヴェストファーレン州ケルン市	ユーロ 25千	〃	100 (100)	〃	－	－	－	(注) 2
TOMY Australia Pty Ltd.	豪州ビクトリア州ダンデノン市	豪ドル 100	〃	100 (100)	〃	－	－	－	(注) 2

名称	住所	資本金	事業内容	議決権の所有割合	関係内容				摘要
					役員の兼任等	資金援助	営業上の取引	設備の賃貸借	
TOMY (Hong Kong) Ltd.	香港カオルン地区	香港ドル 10千	乳幼児製品・玩具等の製造	100 (9.9)	無	資金借入	当社製品の製造等の委託、債務保証	－	(注) 1・2
TOMY (Shenzhen) Ltd.	中華人民共和国深セン市	中国元 3,319千	〃	100 (100)	〃	－	当社製品の製造等の委託	－	(注) 2
TOMY (Thailand) Ltd.	タイ国パトムタニ地区	タイバーツ 262百万	玩具等の製造	100	〃	－	当社製品の製造等の委託	－	(注) 1
TOMY (Shanghai) Ltd.	中華人民共和国上海市	中国元 63,379千	玩具等の販売	100	有	－	当社製品の販売	－	(注) 1
T-ARTS Korea Co., Ltd.	大韓民国ソウル市	韓国ウォン 1,200百万	カプセル玩具等の販売	100 (100)	〃	－	当社製品の販売	－	(注) 2
RC2 (Asia) Limited	香港カオルン地区	香港ドル 1千	乳幼児製品・玩具等の販売	100 (100)	無	－	製品の購入	－	(注) 2
TOMY Asia Limited	香港カオルン地区	香港ドル 23,298千	玩具等の販売	100	有	資金借入	当社製品の販売等、ロイヤリティの受取	－	(注) 1
TOMY SOUTHEAST ASIA PTE. LTD.	シンガポール	シンガポールドル 150千	東南アジア地域におけるマーケティング	100 (100)	〃	－	－	－	(注) 2
TOMY (Vietnam) Co., Ltd.	ベトナム国ハイフォン市	ベトナムドン 1,848百万	玩具等の製造	100 (100)	無	－	－	－	(注) 2
その他6社									

(注) 1. （株）タカラトミーマーケティング，（株）タカラトミーフィールドテック，TOMY Corporation，TOMY International, Inc., Fat Brain Holdings, LLC, TOMY (Hong Kong) Ltd., TOMY (Thailand) Ltd., TOMY (Shanghai) Ltd., TOMY Asia Limited は特定子会社であります。

2. 議決権所有割合の（　）内は，間接所有割合で内数であります。

3. 資金融通のため，当社との間でCMS（キャッシュ・マネジメント・システム）を導入しております。

4. TOMY UK Co., Ltd.は，債務超過会社であり，2023年3月末時点で債務超過額は5,228百万円であります。

5. （株）タカラトミーマーケティング，（株）タカラトミーアーツ，TOMY International, Inc.については売上高（連結会社間の内部売上高を除く）の連結売上高に占める割合が10％を超えております。主要な損益情報は以下のとおりであります。

	主要な損益情報等				
	売上高（百万円）	経常利益（百万円）	当期純利益（百万円）	純資産額（百万円）	総資産額（百万円）
㈱タカラトミーマーケティング	55,008	751	504	3,894	14,271
㈱タカラトミーアーツ	35,368	4,797	3,383	12,085	19,810
TOMY International, Inc.	21,491	1,002	756	43,153	52,264

（3） 持分法適用関連会社 ･･

名称	住所	資本金 （百万円）	事業内容	議決権の 所有割合 （％）	関係内容				摘要
					役員の 兼任等	資金援助	営業上 の取引	設備の 賃貸借	
㈱タツノコプロ	東京都武蔵野 市	20	アニメーション 製作・キャラク タービジネス	20.0	無	－	ロイヤリ ティの支払	－	－

5 従業員の状況

（1） 連結会社の状況 ･･

2023年3月31日現在

セグメントの名称	従業員数（人）
日本	1,083　［1,150］
アメリカズ	212　［182］
欧州	71　［7］
オセアニア	13　［16］
アジア	1,004　［21］
報告セグメント計	2,383　［1,376］
全社（共通）	93　［8］
合計	2,476　［1,384］

（注）1. 従業員数は就業人員（当社グループからグループ外への出向者を除き，グループ外から当社グルー
　　　　プへの出向者を含む。）であり，臨時雇用者数（嘱託契約の従業員及びパートタイマーを含み，派遣
　　　　社員を除く。）は，年間の平均人員を［　］外数で記載しております。
　　　2. 全社（共通）として，記載されている従業員数は，管理部門に所属しているものであります。

（2） 提出会社の状況 ··

従業員数（人）	平均年齢（歳）	平均勤続年数（年）	平均年間給与（円）
562 ［69］	44.0	12.2	7,929,367

セグメントの名称	従業員数（人）
日本	469 ［61］
アメリカズ	－ ［－］
欧州	－ ［－］
オセアニア	－ ［－］
アジア	－ ［－］
報告セグメント計	469 ［61］
全社（共通）	93 ［8］
合計	562 ［69］

（注）1. 従業員数は就業人員（当社から社外への出向者を除き，社外から当社への出向者を含む。）であり，
臨時雇用者数（嘱託契約の従業員及びパートタイマーを含み，派遣社員を除く。）は，年間の平均人
員を［ ］外数で記載しております。
2. 平均年間給与は，税込支払給与額であり，基準外賃金及び賞与を含んでおります。
3. 全社（共通）として，記載されている従業員数は，管理部門に所属しているものであります。

（3） 労働組合の状況 ··

1. 当社では，UAゼンセンに加盟する労働組合が結成されております。（2023
年3月31日現在320名）
2. その他の連結子会社については，労使関係は良好であります。

■ 事業の状況

1 経営方針，経営環境及び対処すべき課題等

　当社グループの経営方針，経営環境及び対処すべき課題等は，以下のとおりであります。

　なお，文中の将来に関する事項は，当連結会計年度末現在において当社グループが判断したものであります。

[会社の経営の基本方針]・・・

　当社は，「われらの優良な商品で世界の市場をにぎわせよう」「誠意と努力は他を益し自己の幸福の基となる」を創業理念とし，掲げております。当社の創業理念は，会社の根幹を成すものであり，当社のみならず当社グループにおいて脈々と引き継がれております。創業理念の実現に向かって進むべき羅針盤として，次の企業理念・企業指針を定め，企業価値の持続的向上を図ってまいります。

　「タカラトミーグループは，すべてのステークホルダーの『夢』の実現のために，新しい遊びの価値を創造します。」

　　お客様　　　タカラトミーグループは，あらゆる人々の「夢」を形にし，「新しい遊びの価値」を提供します。

　　社　員　　　タカラトミーグループは，社員の自主性と創造性が最大限に発揮される職場環境を提供し，いきいきと働くことができる企業を目指します。

　　株　主　　　タカラトミーグループは，質の高い成長と健全な経営を通じて，株主の期待・信頼に応えます。

　　パートナー　タカラトミーグループは，公正・公平な取引を行うと共に，パートナーとの共存共栄を目指します。

　　社　会　　　タカラトミーグループは，誠実な企業活動を持続することで，21世紀の社会に信頼される企業市民を目指します。

[目標とする経営指標]・・

　当社グループは，株主資本の効率的運用及び収益性の追求の観点から，自己資

(point) **従業員の状況**

　　主力セグメントや，これまで会社を支えてきたセグメントの人数が多い傾向があるのは当然のことだろう。上場している大企業であれば平均年齢は40歳前後だ。また労働組合の状況にページが割かれている場合がある。その情報を載せている背景として，労働組合の力が強く，人数を削減しにくい企業体質だということを意味している。

本利益率（ROE）を重要な経営指標としております。また，2021年5月11日に公表いたしました中期経営計画の最終年度となる2024年3月期の数値計画として「売上高1,850億円，営業利益150億円，自己資本利益率（ROE）12％超」を掲げておりましたが，資源価格の上昇や為替の変動，地政学リスクの上昇など，当社を取り巻く経営環境が大きく変化していることから，2024年3月期の通期連結業績見通しにつきましては「売上高1,950億円，営業利益135億円」といたしました。

なお，中期経営計画において「3か年＊合計の営業利益計画350億円」も掲げており，2022年3月期及び2023年3月期の2か年合計の営業利益は254億円，進捗度73％であり3か年合計の営業利益計画を達成する見込みであります。

＊　2022年3月期から2024年3月期の3か年

[中期的な会社の経営戦略，会社の対処すべき課題と対応方針] ·················

2024年3月期においては，2022年3月期よりスタートした中期経営計画の最終年度として，経済活動や消費者の行動変化へ柔軟に対応を行い，次の方針に基づいて，中期経営計画の各施策達成に向かって取り組んでまいります。

- ・消費者行動の変容に対応
- ・外部環境の変化に対応する事業構造の変革（社会情勢・円安傾向・原材料高騰への対応）
- ・タカラトミーの強み（商品力，ブランド力，顧客ベース）を活かしたビジネス展開
- ・経営環境に応じたコストコントロールと流動性資金の確保

当社グループは，企業理念である「すべての「夢」の実現」に向けて，「アソビ」の強化をさらに進め強固な経営基盤を築くとともに，海外展開を推進し，真の国際優良企業（Outstanding Global Company）への変革を図ってまいります。

＜中期経営計画の達成に向けて＞ ·····························

タカラトミーグループは「おもちゃ」が本来持っている「ワクワク・驚き・感動・笑顔」を消費者に更に提供すべく，事業の軸の基点を「おもちゃ発」から「アソビ発」として変革を図っております。中期経営計画では，「アソビで，世界はもっと良

（point）業績等の概要

この項目では今期の売上や営業利益などの業績がどうだったのか，収益が伸びたあるいは減少した理由は何か，そして伸ばすためにどんなことを行ったかということがセグメントごとに分かる。現在，会社がどのようなビジネスを行っているのか最も分かりやすい箇所だと言える。

くなる。だからアソビで，未来のグローバル社会に大きくこたえます」をビジョンとして掲げ，ターゲット年齢層，市場地域を広げるとともに，事業領域の拡大を図っています。

また，中期方針を「グローバルで強みを活かしたSustainable Growth（持続的成長）実現に向けた基盤整備を行うこと」と掲げました。これらを推し進めるために，現在6つの全社戦略に取り組んでいます。

① 「適所適材」をキーとした出口・年齢・地域のさらなる攻略

アジア市場での「トミカ」拡大に取り組むとともに，大人（Kidults層）に向けた「トミカプレミアム」の多様な商品展開を進めました。さらに，「ダイアクロン」の国内及びアジアでの拡大を進め，また店頭への人流が戻りつつある中，小売事業キデイランドにおいては，人気キャラクターを中心として顧客層の拡大に成果をあげることができました。

今後も，タカラトミーの持つ多様なブランド及びIPパートナーの有用なブランドを活用した商品を，その強みをより発揮できる場所（適所）に展開してまいります。

② 日本を基点としたヒット商品の創出

新触感液晶玩具「ぷにるんず」の国内ヒットの2年目に，新たにオリジナルIPとしてテレビアニメ放送をスタートし，海外展開への着手をはじめ大きな成果をあげました。また，プリスクーラー向けIP『パウ・パトロール』の拡大で市場を牽引しました。

「トミカ」においては，新コンテンツとして『トミカヒーローズ　ジョブレイバー　特装合体ロボ』を立ち上げるとともに，WEBアニメ配信の新しい試みも実施し，人気を博すことができました。

引き続き，各カテゴリーでNo.1になる商品を提案し，IP・海外メーカーパートナーとの取り組みを強化してまいります。

③ IP投資の継続でグローバル成長に備える

前述の『ぷにるんず』や『トミカヒーローズ　ジョブレイバー　特装合体ロボ』の映像コンテンツを立ち上げるなど，新たな売上を創出しました。

次期に向けても，発売10年目を迎える動かして遊べる動物フィギュア「アニア」

初のアニメ化『冒険大陸　アニアキングダム』や『ゴー！ゴー！びーくるずー』など商品発キャラクターのテレビアニメ放送も開始するなど，新たな成長に向けてIP投資を継続し，グローバル展開を推進してまいります。

④　**アソビをキーとした新規事業の立ち上げ**

アミューズメントマシン「ポケモンメザスタ」「ワッチャプリマジ！スタジオ」が好調に推移し市場を牽引しました。また，新たにクラスター株式会社とコラボレーションした「メタバース黒ひげ危機一発」をオープンしました。

今後も，新たな成長に向けた事業の創造を継続し，新規市場を構築してまいります。

⑤　**バリューチェーンへのDX活用による新しい価値創造**

D2C事業「タカラトミーモール」において，顧客IDクラスタリングにより，適切な情報を適切なタイミングで顧客に提供するなど，引き続きDXを活用したビジネス拡大を図ってまいります。

⑥　**サステナビリティ・CSRの取組み**

タカラトミーグループのサステナビリティビジョン「世界中の子どもたちと友だちになる」の実現のために，8つのサステナビリティ重要課題（マテリアリティ）に沿った目標・KPIを定め，取組みを推進しております。

特に横断的な取組みが必要なテーマでは，代表取締役社長の直轄組織サステナビリティ推進室が統括するテーマ別タスクフォースを設置し，担当執行役員とグループ横断の多様なメンバーによって，取組みの実行・推進・新たな提案を進めています。

なお，2024年3月期においては以下のとおり事業展開を行ってまいります。

4月より，2023年に発売10周年を迎える「アニア」ではテレビアニメ『冒険大陸アニアキングダム』をスタートいたします。また，「トミカ」「プラレール」「アニア」から生まれた個性豊かなキャラクターが織りなすアニメ『ゴー！ゴー！びーくるずー』のテレビ放送を開始するなど，関連商品と合わせた映像コンテンツ展開を進めてまいります。

また夏には，現代版ベーゴマ「ベイブレード」の第4世代となる「BEYBLADE

X（ベイブレードエックス）」を市場投入する他，新作の映画公開となる「トランスフォーマー」においては関連商品の拡販に取り組んでまいります。

定番商品の「トミカ」「プラレール」「リカちゃん」やトレーディングカードゲーム「デュエル・マスターズ」のように，当社のビジネス基盤となる商品を引き続き強化するとともに遊び心をもった大人（Kidults層）など年齢層の拡大を図り，その他カテゴリーにおいても商品の企画開発・マーケティングに注力いたします。

事業領域拡大を図るための取り組みとしては，カードゲームアプリ「DUEL MASTERS PLAY'S（デュエル・マスターズプレイス）」については定期的にバージョンの更新を行い，ゲーム性を高めるとともに，「ポケモンメザスタ」「ワッチャプリマジ！スタジオ」などのアミューズメントマシンをはじめとするデジタル関連事業等についても引き続き強化を図ってまいります。

アジア市場では，定番である「トミカ」「プラレール」の販売拡大を図るとともにキャラクター商品やアミューズメントマシンなどの展開を進めてまいります。

欧米豪についてはTOMY Internationalグループにおいて，コアブランドである「ベビー用品」「農耕車両玩具」を更に強化するとともに，2020年10月にTOMY International, Inc.の子会社となった米国の独立系玩具会社ファット・ブレイン・グループの強みである消費者直販プラットフォームの強化とビジネスシナジー拡大に取り組み，また，タカラトミーアーツが展開するぬいぐるみシリーズ「もっちいもっちい，海外商品名：Club Mocchi- Mocchi-」などグループ会社との連携も一層強化してまいります。

なお，当社を取り巻く経営環境としては，新型コロナウイルス感染症対策の規制が緩和されるとともに社会経済活動の本格化が加速する一方で，資源価格の上昇や為替の変動，地政学リスクの上昇など，注視が必要な状況が続くと思われます。このような不透明な状況においても当社グループは，中期経営計画の達成に向けて「アソビ」を軸とした商品展開，事業領域の拡大に努めてまいります。

以上により，2024年3月期の通期連結業績見通しにつきましては，売上高195,000百万円（2023年3月期比4.1％増），営業利益13,500百万円（同2.9％増），経常利益13,000百万円（同7.9％増），親会社株主に帰属する当期純利益9,000百万円（同8.2％増）と予想しております。

2 サステナビリティに関する考え方及び取組

　当社グループは、サステナビリティビジョン「世界中の子どもたちと友だちになる」を実現するために、持続可能な社会の実現と当社グループの成長の両立を目指した取組を進めており、サステナビリティに関する考え方及び取組は以下のとおりであります。

　なお、文中の将来に関する事項は、当連結会計年度末現在において当社グループが判断したものであります。

　・サステナビリティビジョン

　https://www.takaratomy.co.jp/company/csr/policy/

(1)　ガバナンス

　当社グループのサステナビリティについては、代表取締役社長が最高責任者として統括しております。サステナビリティ経営を推進するため、代表取締役社長の直轄組織としてサステナビリティ推進室を設置し、サステナビリティ・ESG課題の取組方針・計画の策定、推進及びモニタリング、社内啓発、ESG関連情報の開示などを行っております。中期サステナビリティ目標・KPIのうち、特に横断的な取組が必要なテーマでは、サステナビリティ推進室が統括する、テーマ別タスクフォースを設置し、担当執行役員とグループ横断の多様なメンバーによって、取組の実行・推進・新たな提案を進めております。テーマ別タスクフォースの進捗状況は、四半期に一回の定時進捗会議にてモニタリングし、定期的に代表取締役に報告・具申し、必要に応じて取締役会または常務会に報告・具申・付議されます。

ガバナンス体制図

取締役会

承認 ← | → 報告・具申

代表取締役社長
サステナビリティ推進室担当役員

常務会

指示 ← | → 報告・具申　　承認 ← | → 報告・具申

サステナビリティ推進室

指示・モニタリング　　報告・新たな提案　　方針指示・啓発・モニタリング

化学物質管理　　ダイバーシティ　　CSR調達　　環境

テーマ別タスクフォース

実行・推進 → | ← 報告

業務執行部門・グループ会社

(2) 戦略 ···

　当社グループは，中期方針を「グローバルで強みを活かしたSustainable Growth（持続的成長）実現に向けた基盤整備を行うこと」と掲げ，これを推し進めるための全社戦略の一つとして「サステナビリティ・CSRの取組み」に取り組んでおります。

　サステナビリティビジョン「世界中の子どもたちと友だちになる」の実現のために，優先的に取り組むべき8つのサステナビリティ重要課題（マテリアリティ）を特定し取組を推進しております。2021年には，2024年に迎える創業100周年，更にはその先の社会を見据えて，「タカラトミーグループサステナビリティフレームワーク」の取組をスタートいたしました。事業活動を通じて社会に貢献していくうえでの考え方を，国連の「持続可能な開発目標（SDGs）」を参考にして整理しております。今後も，当社グループの事業そのものが今まで以上に社会に貢献できるよう努めてまいります。

▼タカラトミーグループサステナビリティフレームワーク

　当社グループにおける，人材の多様性の確保についての考え方を示した「タカラトミーグループダイバーシティ方針」，人材の多様性の確保を含む人材の育成に関する方針及び社内環境整備に関する方針として「人財育成の方針」「職場環境に関する方針」を以下の通り設定しております。当社グループでは，ダイバーシティ方針のもと，多様な人財が活躍する職場環境づくりに積極的に取り組むことで，大人も子どもも笑顔になる商品やサービスを社会に提供していきます。詳細は，「サステナビリティ・CSRサイト」をご確認ください。

　・ダイバーシティ方針

　　https://www.takaratomy.co.jp/company/csr/work_style_reform/

　・人財育成の方針

　　https://www.takaratomy.co.jp/company/csr/work_style_reform/human_resources_development.html

　・職場環境に関する方針

　　https://www.takaratomy.co.jp/company/csr/work_style_reform/diversity.html

　なお，当社グループにおけるサステナビリティに関連するその他の方針については，以下を設定しております。詳細は，「サステナビリティ・CSRサイト」をご確認ください。

・環境方針

https://www.takaratomy.co.jp/company/csr/environment/

・化学物質管理方針

https://www.takaratomy.co.jp/company/csr/products/safe_and_
highquality.html

・CSR調達ガイドライン

https://www.takaratomy.co.jp/company/csr/supply_chain/responsible_
procurement.html

（3） リスク管理 ……………………………………………………………

　事業存続や中期サステナビリティ目標・KPI達成に大きな影響を及ぼすリスク
を特定し，そのリスク低減をおこなうため，サステナビリティ部門が中心となり
リスク評価を行い，関連部門と連携したマネジメントを実施しております。

　なお，当社ではサステナビリティ重要課題の1つに「環境マネジメント」を特
定しております。特に，脱炭素社会に向けた社会の変革は，当社グループのビジ
ネスに影響するとともに，サステナビリティビジョン実現のために重要なテーマ
だと認識しており，TCFD提言に基づいたシナリオ開示を行っております。

　詳細は，「サステナビリティ・CSRサイト」をご確認ください。

・気候変動への対応

https://www.takaratomy.co.jp/company/csr/environment/climate_change.
html

（4） 指標及び目標 ……………………………………………………………

　当社グループでは，8つのサステナビリティ重要課題（マテリアリティ）に沿っ
た，以下の中期サステナビリティ目標・KPI（FY2021-FY2023）を設定してお
ります。

サステナビリティ重要課題(マテリアリティ)	中期サステナビリティ目標・KPI(FY2021-FY2023)
1 安心・安全・品質の確保 2 新たな製品・サービス・IPの創出 3 ユニバーサルデザインの推進	・製造時も含めた、有害化学物質管理手法・体制の再整備 ・エシカル製品・サービスの創出としてSDGsの社内研修 　2024年3月末までに従業員100%
4 組織統治とステークホルダーとの対話	・サステナビリティ経営を目指した委員会の設立と運営 ・企業倫理の社内研修　2024年3月末までに従業員100%
5 多様な人財の活躍	・ダイバーシティに関する社内研修 　2024年3月末までに従業員100% ・女性管理職比率20% 　※女性活躍推進法に基づく行動計画に従い、期限は2026年3月期までとする ・タカラトミーの法定障害者雇用率2.3%クリアとその 　継続的維持 ・従業員エンゲージメント調査の実施と「働きがい」における 　課題の特定
6 CSR調達	・3つの実施 ① CSR調達方針の周知　② CSR調達管理の仕組み化 ③ 特にCSR関連リスクの高い課題および拠点の特定
7 環境マネジメント 8 事業を通じた教育・文化への貢献	・パッケージ・製品の石油由来のプラスチック削減や 　リサイクルを目指し、実証実験開始と進捗の開示 ・2024年3月までに、CO2削減長期目標の策定 ・グループ廃棄物管理体制の再整備

　取り組みの進捗状況やESG関連及び上記「(2) 戦略」において記載した，人材の多様性の確保を含む人材の育成に関する方針及び社内環境整備に関する方針についての実績値等の詳細は，「サステナビリティ・CSRサイト」にて公開しております。2023年3月期の情報については，2023年11月頃に更新を予定しております。

・マテリアリティと目標・KPI

https://www.takaratomy.co.jp/company/csr/materiality/

・サステナビリティの取り組み進捗報告 (2021年度)

https://www.takaratomy.co.jp/company/csr/story/2022/sustainabilityinitiatives2021.html

・ESGデータ

https://www.takaratomy.co.jp/company/csr/esgdata.html

3 事業等のリスク

　当社グループの経営成績及び財政状態等に影響を及ぼしうるリスクは主に次のとおりです。当社グループは，これらのリスク発生の可能性を認識したうえで，発生の回避，顕在化した場合の対応を含むリスク管理体制の強化を図ってまいります。

　なお，文中の将来に関する事項は，当連結会計年度末現在において当社グループが判断したものであります。

（特に重要なリスク）

（1）　ヒット商品の影響について ……………………………………………

　当社グループの主力事業である玩具事業は，特定商品や特定コンテンツの成否によって影響を受ける傾向にあります。当社グループでは，このような影響を緩和すべく，継続的ヒット商品創出のための開発力強化，商品ラインアップの充実，コンテンツ育成等の施策を実施しておりますが，ヒット商品の有無が当社グループの財政状態及び経営成績に影響を及ぼす可能性があります。

（2）　商品の安全性について ……………………………………………………

　当社グループは，厳格な品質管理基準に基づき，商品の品質向上や安全性確保に取り組んでおりますが，取扱商品の安全・品質上の重大問題，製造物責任賠償やリコール等が発生した場合には，当社グループのブランド価値低下を招くとともに，多額の費用負担が発生し，財政状態及び経営成績に影響を及ぼす可能性があります。

（3）　災害等のリスクについて …………………………………………………

　当社グループは，日本をはじめ世界各地で事業展開を行っており，地震，洪水，台風などの自然災害や，サイバー攻撃，戦争，テロ行為，感染症の世界的流行（パンデミック），電力等のインフラ停止などが発生した場合には，事業活動の一部又は全体に大きな支障をきたす可能性があります。当社グループは，事業継続計画（BCP）の整備等に取り組んでおりますが，このような事態での物的・人的被害により多額の費用等が発生し，財政状態及び経営成績に大きな影響を及ぼす可

能性があります。

（重要なリスク）

（1）　四半期業績の変動について ···

　当社グループの玩具事業は，例年，クリスマス／年末商戦期である第3四半期に売上高が伸びる傾向にあります。当社グループでは，その他のシーズンでの重点商品の投入，玩具周辺事業の拡大等により業績の平準化を図っておりますが，業績の季節的変動は今後とも続くと予想しております。

（2）　為替相場の変動について ···

　当社グループでは，国内で販売する玩具類の大半を海外から米ドル建てで輸入しております。当社グループでは，グループ為替リスクヘッジ方針に基づき為替予約等による為替リスクヘッジを行っておりますが，為替相場の大幅な変動が生じるなどリスク減殺効果が薄れた場合には，海外連結子会社の損益，決算期末における資産及び負債等の円換算金額の増減も含め，当社グループの財政状態及び経営成績に影響を及ぼす可能性があります。

（3）　海外事業展開について ···

　当社グループでは，海外市場での事業拡大を重点戦略の一つとしており，販売拠点のグローバル展開に加え，国内外で販売する商品の大半を海外にて生産しております。海外では為替リスクに加え，不安定な政情，金融不安，文化や商慣習の違い，特有の法制度や予想しがたい投資規制・税制変更，労働力不足や労務費上昇，知的財産権保護制度の未整備等，国際的活動の展開に伴うリスクがあります。当社グループでは，海外拠点網の再構築，中国偏重の生産体制からベトナムなどへの生産シフト，模倣品対策強化等，海外リスクに留意したグローバル事業展開を進めておりますが，各国の政治・経済・法制度等の急激な変化は，当社グループの財政状態及び経営成績に影響を及ぼす可能性があります。

（4） 原材料価格変動の影響について

　当社グループは，プラスチックや亜鉛ダイカスト合金などを材料とする玩具類を扱っており，原油価格や金属素材価格等の影響を受けます。当社グループはその影響を緩和すべく，製造委託先も含めた原材料調達方法の工夫，生産物流体制の効率化等に取り組んでおりますが，原材料価格の高騰や供給不足等が発生した場合には，当社グループの財政状態及び経営成績に影響を及ぼす可能性があります。

（5） 経営上の重要な契約について

　当社グループは，第三者との間でいくつかの経営上の重要な契約を締結しておりますが，今後何らかの理由で契約が継続できない場合等には，当社グループの財政状態及び経営成績に影響を及ぼす可能性があります。（経営上の重要な契約等については，「第2事業の状況5経営上の重要な契約等」に記載しております）

（6） 情報の流出について

　当社グループは，事業上の重要情報，顧客・取引先等の機密情報や個人情報等を保有しております。当社グループは，情報セキュリティ対策の強化・徹底等により，これらの情報の秘密保持に細心の注意を払っておりますが，不測の事態により情報が外部に流出する可能性があります。万一，このような事態が生じた場合には，当社グループの信用低下や財政状態及び経営成績に影響を及ぼす可能性があります。

（7） 無形固定資産の評価及び減損について

　当社グループは，TOMY International グループの買収に伴い，のれんを含む無形固定資産を相当額計上しております。これらの無形固定資産につきましては，毎年定額法による償却及び必要な減損処理を行っており，現時点では更なる減損損失計上は必要ないと認識しておりますが，当該事業の業績が想定どおり進捗しない場合には，将来の減損の可能性は高まり，当社グループの財政状態及び経営成績に影響を及ぼす可能性があります。

4 経営者による財政状態，経営成績及びキャッシュ・フローの状況の分析

(1) 経営成績等の状況の概要 ············

当連結会計年度における当社グループ（当社，連結子会社及び持分法適用会社）の財政状態，経営成績及びキャッシュ・フロー（以下「経営成績等」という。）の状況の概要は次のとおりであります。

① 経営成績の状況

（2023年３月期におけるハイライト）

当社グループは，企業理念である「すべての「夢」の実現」に向けて，玩具事業の強化をさらに進め強固な経営基盤を築くとともに，海外展開を推進し，真の国際優良企業（Outstanding Global Company）への変革に取り組みました。また，2022年３月期から2024年３月期の３か年における中期経営計画において当期は，その２年目の重要な年と位置付けて経営活動に取り組んでまいりました。

（新型コロナウイルス感染症の影響などについて）

新型コロナウイルス感染症に対する行動制限や水際対策など諸規制が緩和され，社会経済活動の正常化へ向けた動きが進み，玩具市場においても店頭への人流に回復傾向が見られました。

また，当社を取り巻く経営環境として，ウクライナ情勢の急激な悪化に端を発した，世界的な原材料価格の高騰やインフレーション，そして為替の急激な変動など，不透明感が高い状況が続きました。

（連結業績について）

中期経営計画の「適所適材」をキーとした出口・年齢・地域のさらなる攻略をはじめとした６つの全社戦略に精力的に取り組みました。

・売上高

定番商品においては，子どもだけでなく大人に向けても魅力ある商品の企画開発と販売強化に引き続き努め，「トミカ」では「変形出動！ビッグファイヤー

&コマンドステーション」など子ども向けの大型商品を発売するとともに，大人向けではリアリティを追求した「トミカプレミアム」シリーズなどにおいて新商品展開を積極的に進めました。

また，今期発売20周年を迎えたトレーディングカードゲーム「デュエル・マスターズ」は，9月にテレビアニメを一新し，関連商品を発売するなどマーケティングを強化いたしました。「トランスフォーマー」においては，海外向け輸出が伸長いたしました。

さらに，発売以降高い人気の新触感液晶玩具「ぷにるんず」は，10月から玩具発オリジナルテレビアニメとして放送開始するとともに，関連商品も高い人気を集めました。

また，メタバース（仮想空間）において玩具で遊ぶ「メタバース黒ひげ危機一発」の展開を開始し，デジタル空間での新たなアソビ体験を提供いたしました。

タカラトミーアーツが展開するアミューズメントマシン「ポケモンメザスタ」は，引き続き好評を博すとともに，同社のガチャ事業では，カプセル玩具市場の人気が高まっている中，ヒットコンテンツを使った大人向け商品の拡大等により売上が伸長いたしました。

以上により，売上高については，玩具出荷が堅調に推移し，タカラトミーアーツが展開するアミューズメントマシン及びガチャの人気が継続したことに加え，小売事業キデイランドでは，新型コロナウイルス感染症に対する諸規制の緩和に伴い訪日外国人観光客を含めた人流の回復やキャラクター玩具の販売が伸長したこと等から，売上高は187,297百万円（前期比13.2%増）となりました。

・利益面

円安影響等により売上総利益率が低下したものの，売上高の増加による売上総利益の伸長並びに販売費及び一般管理費の効率的な運用を図るなど，営業利益は13,119百万円（前期比6.3%増）となりました。

経常利益については，主に為替差損による営業外費用の計上により12,043百万円（前期比4.9%減）となりました。

親会社株主に帰属する当期純利益については8,314百万円（前期比8.8%減）と減少いたしましたが，これは前期第1四半期において固定資産の事務所用不動産を譲渡し，その譲渡益として特別利益を計上したことが要因となります。

売上高の推移

（億円）

2019年3月期	2020年3月期	2021年3月期	2022年3月期	2023年3月期
1,768	1,648	1,412	1,654	当初会社見通し 1,700 / 1,872

営業利益の推移

（億円）

2019年3月期	2020年3月期	2021年3月期	2022年3月期	2023年3月期
144	106	70	123	当初会社見通し 120 / 131

（経営成績に関する分析）

＜セグメント別業績の概況＞

（単位：百万円）

		前期	当期	増減	増減率(%)
売上高		165,448	187,297	21,849	13.2
	日本	130,289	148,214	17,925	13.8
	アメリカズ	27,093	29,533	2,440	9.0
	欧州	7,206	6,683	△523	△7.3
	オセアニア	2,358	2,741	382	16.2
	アジア	46,974	55,465	8,490	18.1
	消去又は全社	△48,474	△55,340	△6,865	—
営業利益又は営業損失(△)		12,344	13,119	775	6.3
	日本	14,039	16,484	2,444	17.4
	アメリカズ	415	△725	△1,141	—
	欧州	47	△797	△845	—
	オセアニア	173	81	△92	△53.2
	アジア	1,297	1,895	598	46.1
	消去又は全社	△3,630	△3,819	△189	—

＜日本＞

（単位：百万円）

	前期	当期	増減
売上高	130,289	148,214	17,925
営業利益	14,039	16,484	2,444

　新型コロナウイルス感染症に対する行動制限や水際対策など諸規制が緩和され，社会経済活動の正常化へ向けた動きが進み，玩具市場においても店頭への人流に回復傾向が見られました。また，中期経営計画における顧客ターゲットの拡大については，定番商品を中心として積極的に取り組むとともに，デジタル関連をはじめとする新たな事業創造にも注力いたしました。

　定番商品においては，子どもだけでなく大人に向けても魅力ある商品の企画開発と販売強化に引き続き努め，「トミカ」では「変形出動！ビッグファイヤー＆コマンドステーション」など子ども向けの大型商品を発売するとともに，大人向けではリアリティを追求した「トミカプレミアム」シリーズの新商品展開を積極的に進めました。さらに，11月に販売を開始した「スタジオジブリ」作品とのコラボレーションである「ドリームトミカジブリがいっぱい」シリーズでは，2023年3月に第2弾を発売するなど商品ラインの充実を図りました。

また，動かして遊べる動物フィギュア「アニア」が発売10周年を迎えるにあたり，新たな定番商品として拡販するとともに，2023年4月からテレビアニメ放送の開始を発表するなどブランドの強化に取り組みました。

　今期発売20周年を迎えたトレーディングカードゲーム「デュエル・マスターズ」は，9月にテレビアニメを6年ぶりに一新し，関連商品を発売するなどマーケティングを強化いたしました。「トランスフォーマー」においては，海外向け輸出が増加いたしました。「ポケットモンスター」では，「モンコレ」をはじめとした関連商品が引き続き人気を博すとともに，ポケモンと遊びながら学べるキッズパソコン「ポケモンピカッとアカデミーマウスでゲットパソコンプラス」が人気を博しました。放送4年目となったテレビアニメ『パウ・パトロール』は，地上波での新シリーズ放送などにより人気がさらに拡大し，「パウ・パトロールにほんご・えいご・クイズも！おしゃべりパウフェクトずかん」など関連商品の販売が好調に推移いたしました。

　また，テレビ・WEBでのIP展開として，4月からテレビアニメ『キャップ革命ボトルマンDX』の放送を開始するとともに，『トミカヒーローズ　ジョブレイバー特装合体ロボ』はWEBアニメの配信を開始いたしました。さらに，デジタルとリアルの遊びが融合した商品特徴と，豊富なキャラクターの魅力から高い人気の新触感液晶玩具「ぷにるんず」は，10月から玩具発オリジナルテレビアニメとして放送開始するとともに，関連商品も人気を集めました。また，「トミカ」「プラレール」「アニア」から生まれたキャラクター『ゴー！ゴー！びーくるずー』はタカラトミー公式YouTubeチャンネルに加えて2023年4月からテレビ放送の開始を発表するなど，当社が保有するIPの積極展開に取り組みました。

　「アソビ」をキーとした新たな取り組みとしては，AI音声合成技術により，実在の人物の声とそっくりな合成音声で読み聞かせをするスピーカー「coemo（コエモ）」を発売するなど，新技術を活用したオリジナリティの高い商品やサービスを展開いたしました。また，メタバース（仮想空間）において玩具で遊ぶ「メタバース黒ひげ危機一発」の展開を開始し，デジタル空間での新たなアソビ体験を提供いたしました。

　タカラトミーアーツが展開するアミューズメントマシンでは，「ポケモンメザス

(point) 生産及び販売の状況

生産高よりも販売高の金額の方が大きい場合は，作った分よりも売れていることを意味するので，景気が良い，あるいは会社のビジネスがうまくいっていると言えるケースが多い。逆に販売額の方が小さい場合は製品が売れなく，在庫が増えて景気が悪くなっていると言える場合がある。

タ」が引き続き好調に推移いたしました。また，同社のガチャ事業においても，カプセル玩具の人気が高まっている市場環境の中，大型ガチャ売場の設置拡大とヒットコンテンツを使った大人向け商品の拡大等により売上が伸長するとともに，ぬいぐるみなどの販売も好評を博しました。

　以上の結果，売上高は玩具出荷が堅調に推移し，タカラトミーアーツが展開するガチャ及びアミューズメントマシンの人気が継続したことに加え，小売事業キデイランドにおいては，新型コロナウイルス感染症に対する諸規制の緩和に伴い訪日外国人観光客を含めた人流の回復やキャラクター玩具販売が伸長したこと等から148,214百万円（前期比13.8%増），営業利益は16,484百万円（同17.4%増）となりました。

＜アメリカズ＞

（単位：百万円）

	前期	当期	増減
売上高	27,093	29,533	2,440
営業利益又は営業損失（△）	415	△725	△1,141

　新型コロナウイルス感染対策の諸規制が緩和され，社会経済活動の正常化に向けた動きが進みましたが，インフレーションの加速に伴い，生活必需品に消費の重点が置かれるなど購買行動に変化が見られました。

　そのような影響から，一部の大手玩具流通では特にベビー用品の在庫過多が生じる等により，追加受注に苦戦を強いられました。一方，「Ag Replicas」や「Ag Basic Toys」などの農耕車両玩具は販売が好調に推移するとともに，日本においてタカラトミーアーツが展開するぬいぐるみシリーズ「もっちぃもっちぃ，海外商品名：Club Mocchi-Mocchi-」が伸長し，国内人気商品のグローバル展開が奏功いたしました。売上高は為替の影響もあり29,533百万円（前期比9.0%増）となったものの，物流費高騰及び年末プロモーションの強化など販売費及び一般管理費の増加から営業損失は725百万円（前期営業利益415百万円）となりました。

(point) 対処すべき課題

　　有報のなかで最も重要であり注目すべき項目。今，事業のなかで何かしら問題があればそれに対してどんな対策があるのか，上手くいっている部分をどう伸ばしていくのかなどの重要なヒントを得ることができる。また今後の成長に向けた技術開発の方向性や，新規事業の戦略についての理解を深めることができる。

＜欧州＞

（単位：百万円）

	前期	当期	増減
売上高	7,206	6,683	△523
営業利益又は営業損失（△）	47	△797	△845

　欧州各国においては，新型コロナウイルス感染対策の諸規制が緩和され，社会経済活動の正常化に向けた動きが進みましたが，インフレーションの加速に伴い，購買行動に変化が見られました。

　そのような中，「Ag Replicas」などの農耕車両玩具が堅調に推移するとともに，ぬいぐるみ「Club Mocchi Mocchi-」の販売が伸長したものの，乳幼児向け商品やボードゲーム等の販売が減少したこともあり，売上高は6,683百万円（前期比7.3％減），物流費高騰による原価率の悪化等から営業損失は797百万円（前期営業利益47百万円）となりました。

＜オセアニア＞

（単位：百万円）

	前期	当期	増減
売上高	2,358	2,741	382
営業利益	173	81	△92

　オーストラリアでは，新型コロナウイルス感染対策の諸規制が緩和され，社会経済活動の正常化に向けた動きが進みましたが，インフレーションの加速に伴い，購買行動に変化が見られました。

　そのような中，農耕車両玩具の乗用タイプや，ぬいぐるみ「Club Mocchi-Mocchi-」が伸長するとともに，インファント・プリスクール商品の「Lamaze & Friends」など乳幼児向け商品の販売が堅調に推移し，売上高は2,741百万円（前期比16.2％増），営業利益は81百万円（同53.2％減）となりました。

＜アジア＞

（単位：百万円）

	前期	当期	増減
売上高	130,289	148,214	17,925
営業利益	14,039	16,484	2,444

　国や地域によっては新型コロナウイルス感染対策の諸規制が行われました。また，中国の一部の都市で実施されていたロックダウンなどの行動制限は緩和されたものの，新型コロナウイルスの感染再拡大が見られたなど，購買行動にも一時影響をもたらしました。そのような中，日本における定番商品「トミカ」「プラレール」「リカちゃん」そして「アニア」などの展開に取り組んでおり，特に「トミカ」単品や「ダイアクロン」などが好調に推移いたしました。また，日本発の新触感液晶玩具「ぷにるんず」が人気を集めたほか，タカラトミーアーツのアミューズメントマシンが好調に推移しデジタル関連事業のグローバル拡大等により，売上高は55,465百万円（前期比18.1％増），営業利益は1,895百万円（同46.1％増）となりました。

② 財政状態の状況

＜資産＞

　流動資産は，前連結会計年度末に比較して1,339百万円増加し，111,664百万円となりました。これは主として，現金及び預金が増加したことによるものです。

　固定資産は，前連結会計年度末に比較して2,088百万円増加し，47,854百万円となりました。これは主として，使用権資産が増加したことによるものです。

＜負債＞

　流動負債は，前連結会計年度末に比較して3,129百万円増加し，53,056百万円となりました。これは主として，未払法人税等が減少した一方で，支払手形及び買掛金，短期借入金，リース債務が増加したことによるものです。

　固定負債は，前連結会計年度末に比較して7,693百万円減少し，19,295百万円となりました。これは主として，リース債務が増加した一方で，長期借入金が減少したことによるものです。

(point) 事業等のリスク

　「対処すべき課題」の次に重要な項目。新規参入により長期的に価格競争が激しくなり企業の体力が奪われるようなことがあるため，その事業がどの程度参入障壁が高く安定したビジネスなのかなど考えるきっかけになる。また，規制や法律，訴訟なども企業によっては大きな問題になる可能性があるため，注意深く読む必要がある。

＜純資産＞

　純資産は，前連結会計年度末に比較して7,992百万円増加し，87,167百万円となりました。これは主として，利益剰余金，その他有価証券評価差額金，為替換算調整勘定が増加したことによるものです。

③　キャッシュ・フローの状況

（単位：百万円）

	2022年3月期	2023年3月期	増減額
営業活動によるキャッシュ・フロー	16,405	16,223	△182
投資活動によるキャッシュ・フロー	△2,488	△2,134	354
財務活動によるキャッシュ・フロー	△12,991	△13,689	△697
現金及び現金同等物の期末残高	65,310	66,360	1,049

＜営業活動によるキャッシュ・フロー＞

　営業活動によるキャッシュ・フローは，16,223百万円の収入（前連結会計年度は16,405百万円の収入）となりました。これは主として，税金等調整前当期純利益11,642百万円，減価償却費6,216百万円等があったことによるものです。

＜投資活動によるキャッシュ・フロー＞

　投資活動によるキャッシュ・フローは，2,134百万円の支出（前連結会計年度は2,488百万円の支出）となりました。これは主として，投資有価証券の売却による収入316百万円があった一方で，有形固定資産の取得による支出1,526百万円，無形固定資産の取得による支出1,083百万円等があったことによるものです。

＜財務活動によるキャッシュ・フロー＞

　財務活動によるキャッシュ・フローは，13,689百万円の支出（前連結会計年度は12,991百万円の支出）となりました。これは主として，長期借入金の返済による支出8,726百万円，配当金の支払額3,691百万円，ファイナンス・リース債務の返済による支出3,106百万円等があったことによるものです。

　以上の増減額に現金及び現金同等物に係る換算差額などを調整した結果，当連結会計年度末における現金及び現金同等物の残高は前連結会計年度末に比べ1,049百万円増加し，66,360百万円となりました。

④　生産，受注及び販売の実績

　　当社グループの生産・販売品目は広範囲かつ多種多様であり，同種の製品であっても，その容量，構造，形式等は必ずしも一様ではなく，また受注生産形態をとらず見込み生産によっております。金額も僅少な為，セグメントごとに生産規模及び受注規模を金額あるいは数量で示すことはしておりません。

　　このため販売の実績については，「第2　事業の状況，4経営者による財政状態，経営成績及びキャッシュ・フローの状況の分析，（1）経営成績等の状況の概要，①経営成績の状況」におけるセグメントの業績に関連づけて示しております。

(2)　経営者の視点による経営成績等の状況に関する分析・検討内容 …………

　　経営者の視点による当社グループの経営成績等の状況に関する認識及び分析・検討内容は次のとおりであります。

　　なお，文中の将来に関する事項は，当連結会計年度末現在において判断したものであります。

① 　重要な会計方針及び見積り

(a)　　重要な会計方針

　　当社グループの連結財務諸表は我が国において，一般に公正妥当と認められる企業会計の基準に基づき作成されております。この連結財務諸表の作成にあたり，必要となる見積りに関しては，過去の実績等を勘案し，合理的と判断される基準に基づいて行っております。なお，連結財務諸表を作成するにあたり重要となる会計方針については，「第5　経理の状況，1連結財務諸表等，（1）連結財務諸表，注記事項（連結財務諸表作成のための基本となる重要な事項）」に記載されているとおりであります。

(b)　　重要な会計上の見積り及び当該見積りに用いた仮定

　　当社グループの連結財務諸表は我が国において，一般に公正妥当と認められる企業会計の基準に基づき作成されております。この連結財務諸表の作成にあたって，連結貸借対照表上の資産，負債の計上額，及び連結損益計算書上の収益，費用の計上額に影響を与える見積り，判断ならびに仮定を使用する必要があります。

連結財務諸表の作成に当たって用いた会計上の見積り及び当該見積りに用いた仮定のうち，重要なものについては，「第5　経理の状況，1連結財務諸表等，(1)連結財務諸表，注記事項（重要な会計上の見積り）」に記載のとおりであります。

② **当連結会計年度の経営成績等の状況に関する認識及び分析・検討内容** ········
(a)　当社グループの経営成績に重要な影響を与える要因
　　「第2　事業の状況　1経営方針，経営環境及び対処すべき課題等，[中期的な会社の経営戦略，会社の対処すべき課題と対応方針]」をご確認ください。
(b)　当連結会計年度の当社グループの経営成績及びキャッシュ・フローの概況
　　「第2　事業の状況　4経営者による財政状態，経営成績及びキャッシュ・フローの状況の分析，(1)経営成績等の状況の概要」をご参照ください。
(c)　当社グループの資本の財源及び資金の流動性
（財務戦略の基本的な考え方）
　　当社グループは，強固な財務体質と高い資本効率を両立しつつ，企業価値向上のために戦略的に経営資源を配分することを財務戦略の基本方針としております。強固な財務体質の維持に関しては，自己資本比率の水準を55％超とする目標を掲げ，現状を上回る信用格付（日本の格付機関）の取得・維持を目指し，リスク耐性の強化を図ります。
　　同時に，適切な情報開示・IR活動を通じて資本コストの低減に努めると共に，営業キャッシュ・フローによる十分な債務償還能力を前提に，厳格な財務規律のもとで負債の活用も進めることにより，資本コストの低減及び資本効率の向上にも努めてまいります。
　　当社グループはこれまで広告宣伝費，研究開発費などの先行投資を実行し，積極的な商品投入により売上高を伸長させ，利益成長を目指してきましたが，外部環境が大きく変化する中で，市場が一旦縮小，かつ消費者の購買行動が変容した場合も営業キャッシュ・フローによる十分な債務返済能力を有することを前提として，設備投資や研究開発費等での成長投資に資金の配分を行ってまいります。

（資金需要の主な内容）

　当社グループの資金需要は，金型及び筐体の購入費用のほか，仕入代金の支払，製造費，広告宣伝費，研究開発費を含む販売費及び一般管理費等の営業費用であります。投資を目的とした資金需要は，主として新製品の開発・製造のために必要な設備投資及び物流設備投資等であります。

（経営資源の配分に関する考え方）

　当社グループは，適正な手元現預金の水準について検証を実施しております。売上高の3ヵ月以上を安定的な経営に必要な手元現預金水準とし，それを超える分については，「追加的に配分可能な経営資源」と認識し，企業価値向上に資する経営資源の配分に努めます。

　手元現預金及び今後創出するフリーキャッシュ・フロー，そして有利子負債の活用により創出された追加的に配分可能な経営資源については，当社グループの事業の維持拡大，株主還元のさらなる充実に活用する考えです。

　株主還元に関しては，安定的な配当の継続を基本に業績及び配当性向などを勘案したうえ配当金額を決定していく方針です。

（資金調達）

　当社グループの事業活動の維持拡大に必要な資金を安定的に確保するため，内部資金及び外部資金を有効に活用しております。短期運転資金は自己資金を中心に賄い，一部金融機関からの短期借入金として資金調達を行うことを基本としております。設備投資や長期運転資金の調達につきましては，金融機関からの長期借入等を基本としており，一部リースによる設備投資を行っております。

　また，安定的な外部資金調達能力の維持向上は重要な経営課題と認識しており，主要な取引先金融機関とは良好な取引関係を維持しており，また，利用にあたっては信用リスクを軽減するために格付けの高い金融機関とのみ取引を行っております。加えて強固な財務体質を有していることから，当社グループの事業の維持拡大，運営に必要な運転資金，投資資金の調達に関しては問題なく実施可能と認識しています。

(d)　経営方針，経営戦略，経営上の目標の達成状況を判断するための客観的な指標等

　2021年5月に公表いたしました中期経営計画では，2022年3月期から2024年3月期の3年間を「グローバルで強みを活かしたSustainable Growth（持続的成長）実現に向けた基盤整備を行うこと」を中期基本方針と位置づけ，6つの全社戦略に取り組んでまいります。中期経営計画につきましては，「第2　事業の状況　1経営方針，経営環境及び対処すべき課題等」に記載のとおりであります。

　当社グループは，株主資本の効率的運用及び収益性の追求の観点から，自己資本利益率（ROE）を重要な経営指標としております。また，2021年5月11日に公表いたしました中期経営計画の最終年度となる2024年3月期の数値計画として「売上高1,850億円，営業利益150億円，自己資本利益率（ROE）12％超」を掲げておりましたが，資源価格の上昇や為替の変動，地政学リスクの上昇など，当社を取り巻く経営環境が大きく変化していることから，2024年3月期の通期連結業績見通しにつきましては「売上高1,950億円，営業利益135億円」といたしました。

　なお，中期経営計画において「3か年＊合計の営業利益計画350億円」も掲げており，2022年3月期及び2023年3月期の2か年合計の営業利益は254億円，進捗度73％であり3か年合計の営業利益計画を達成する見込みであります。
＊　2022年3月期から2024年3月期の3か年

　中期経営計画の2年目となる当連結会計年度の経営成績は「第2　事業の状況　4経営者による財政状態，経営成績及びキャッシュ・フローの状況の分析　（1）経営成績等の状況の概要」に記載のとおりとなり，自己資本利益率（ROE）は10％となりました。中期経営計画の最終年度となる翌連結会計年度も自己資本利益率（ROE）の向上に努めてまいります。

各指標の過去５年間の推移は以下のとおりです。

回次		68期	69期	70期	71期	72期
決算年月		2019年3月	2020年3月	2021年3月	2022年3月	2023年3月
売上高	(億円)	1,768	1,648	1,412	1,654	1,872
営業利益	(億円)	144	106	70	123	131
自己資本利益率（ROE）	(%)	15.2	6.8	7.9	12.3	10.0

各指標はいずれも当社連結ベースの財務数値を用いて算出しております。

■ 設備の状況

1 設備投資等の概要

　当社グループでは，日本を中心に，主として新製品の開発・生産のための必要な設備投資及び物流設備投資を実施しております。

　当連結会計年度につきましては，日本において金型の取得3,386百万円及びアミューズメント機器の取得589百万円の設備投資を実施しました。

2 主要な設備の状況

　当社グループにおける主要な設備は，次のとおりであります。

（1） 提出会社 ···

2023年3月31日現在

事業所名 （所在地）	セグメント の名称	設備の内容	帳簿価額（百万円）						従業員数 （人）
			建物及び 構築物	機械装置 及び運搬 具	工具，器 具及び備 品	土地 （面積㎡）	リース 資産	合計	
本社 （東京都葛飾区）	日本・全社	企画・販売・管理 設備等	1,979	13	54	1,856 (7,053)	2,223	6,128	559 [68]

（2） 国内子会社 ···

2023年3月31日現在

会社名	事業所名 （所在地）	セグメント の名称	設備の内容	帳簿価額（百万円）						従業員数 （人）
				建物及び 構築物	機械装置 及び運搬 具	工具，器 具及び備 品	土地 （面積㎡）	リース 資産	合計	
㈱タカラトミー アーツ	本社 （東京都葛飾 区）	日本	企画・販 売・管理 設備等	4	－	1	258 (553)	1,064	1,328	161 [24]
㈱トミーテック	本社 （栃木県下都賀 郡壬生町）	日本	企画・生 産・販売 設備	80	116	383	66 (27,803)	－	646	68 [174]

(3) 在外子会社

会社名	事業所名 (所在地)	セグメント の名称	設備の内容	帳簿価額（百万円）							従業員数 (人)
				建物及び 構築物	機械装置 及び運搬 具	工具、器 具及び備 品	土地 (面積㎡)	使用権 資産	合計		
TOMY International, Inc.	本社 (米国アイオワ 州ダイアース ビル市)	アメリカズ	企画・販 売・管理 設備等	182	39	157	146 (150,098)	2,293	2,824		177 [60]

(注) 1. 従業員数の[ ]は，臨時従業員数を外書しております。

2. 当連結会計年度より，米国会計基準を適用している在外連結子会社において，米国会計基準ASU
第2016-02号「リース」を適用しており「使用権資産」を計上しております。

3. 上記の他，主要な賃借及びリース設備として，以下のものがあります。
提出会社

(2023年3月31日現在)

事業所名(所在地)	セグメントの名称	設備の内容	年間賃借及びリース料 (百万円)
本社 (東京都葛飾区)	日本・全社	土地 (面積1,425㎡)	29
市川物流センター (千葉県市川市)	日本	倉庫・物流施設	986

(注) 賃借であります。

3 設備の新設，除却等の計画

(1) 重要な設備の新設

会社名 事業所名	所在地	セグメン トの名称	設備の内容	投資予定金額		資金調 達方法	着手及び完了予定年月		完成後の 増加能力
				総額 (百万 円)	既支払額 (百万 円)		着手	完了	
㈱タカラトミー 本社	東京都葛飾区	日本	金型	2,629	－	リース	2023年4月	2024年3月	－
㈱タカラトミーアーツ 本社	東京都葛飾区	日本	金型	383	－	リース	2023年4月	2024年3月	－
㈱トミーテック 本社	栃木県下都賀郡 壬生町	日本	金型	777	－	自己資 金	2023年4月	2024年3月	－

(2) 重要な設備の除売却等

　経常的な設備の更新のための除売却を除き，重要な設備の除売却の計画はあり
ません。

提出会社の状況

1 株式等の状況

（1） 株式の総数等 ···

① 株式の総数

種類	発行可能株式総数（株）
普通株式	384,000,000
計	384,000,000

② 発行済株式

種類	事業年度末現在発行数（株） （2023年3月31日）	提出日現在発行数（株） （2023年6月26日）	上場金融商品取引所名又 は登録認可金融商品取引 業協会名	内容
普通株式	94,990,850	94,616,650	東京証券取引所 プライム市場	単元株式数100株
計	94,990,850	94,616,650	－	－

（注） 「提出日現在」欄の発行数には，2023年6月1日以降提出日までの新株予約権の権利行使により発行された株式数は含まれておりません。

■ 経理の状況

1. 連結財務諸表及び財務諸表の作成方法について ·······················

(1) 当社の連結財務諸表は,「連結財務諸表の用語, 様式及び作成方法に関する規則」(1976年大蔵省令第28号) に基づいて作成しております。

(2) 当社の財務諸表は,「財務諸表等の用語, 様式及び作成方法に関する規則」(1963年大蔵省令第59号。以下「財務諸表等規則」という。) に基づいて作成しております。

また, 当社は, 特例財務諸表提出会社に該当し, 財務諸表等規則第127条の規定により財務諸表を作成しております。

2. 監査証明について ···

当社は, 金融商品取引法第193条の2第1項の規定に基づき, 連結会計年度(2022年4月1日から2023年3月31日まで) の連結財務諸表及び事業年度 (2022年4月1日から2023年3月31日まで) の財務諸表について有限責任あずさ監査法人による監査を受けております。

3. 連結財務諸表等の適正性を確保するための特段の取組みについて ···········

当社は, 連結財務諸表等の適正性を確保するための特段の取組みを行っております。具体的には, 会計基準等の内容を適切に把握し, 又は会計基準等の変更等について的確に対応することができる体制を整備するため, 公益財団法人財務会計基準機構へ加入し, セミナーへ参加しております。

1 連結財務諸表等

（1） 連結財務諸表 ···

① 連結貸借対照表

（単位：百万円）

	前連結会計年度 （2022年3月31日）	当連結会計年度 （2023年3月31日）
資産の部		
流動資産		
現金及び預金	※2 65,424	※2 66,455
受取手形	938	779
売掛金	19,352	20,125
商品及び製品	16,082	16,694
仕掛品	837	730
原材料及び貯蔵品	1,096	1,100
その他	6,758	5,972
貸倒引当金	△165	△194
流動資産合計	110,324	111,664
固定資産		
有形固定資産		
建物及び構築物	13,347	13,593
減価償却累計額	△9,034	△9,357
減損損失累計額	△941	△910
建物及び構築物（純額）	3,370	3,325
機械装置及び運搬具	2,892	2,862
減価償却累計額	△2,305	△2,335
減損損失累計額	△36	△35
機械装置及び運搬具（純額）	549	492
工具、器具及び備品	24,209	24,725
減価償却累計額	△22,344	△22,779
減損損失累計額	△947	△960
工具、器具及び備品（純額）	918	985
土地	※1,※2 3,916	※1,※2 3,933
リース資産	8,425	8,746
減価償却累計額	△3,663	△4,791
減損損失累計額	△378	△393
リース資産（純額）	4,383	3,561
使用権資産	―	2,916
建設仮勘定	387	423
有形固定資産合計	13,526	15,638
無形固定資産		
のれん	15,988	15,616
商標利用権	3,740	3,935
その他	6,161	6,179
無形固定資産合計	25,890	25,731
投資その他の資産		
投資有価証券	※3 2,970	※3 2,979
繰延税金資産	1,215	1,483
その他	2,230	2,033
貸倒引当金	△66	△10
投資その他の資産合計	6,349	6,485
固定資産合計	45,766	47,854
資産合計	156,090	159,519

（単位：百万円）

	前連結会計年度 （2022年3月31日）	当連結会計年度 （2023年3月31日）
負債の部		
流動負債		
支払手形及び買掛金	※2 8,958	※2 9,213
短期借入金	※4 7,628	※4 10,043
1年内返済予定の長期借入金	8,834	8,901
リース債務	2,686	3,198
未払金	7,502	7,276
未払費用	8,183	8,058
未払法人税等	2,422	1,562
製品保証引当金	297	245
役員賞与引当金	246	139
役員株式給付引当金	85	47
株式給付引当金	85	41
その他	※5 2,995	※5 4,328
流動負債合計	49,927	53,056
固定負債		
長期借入金	18,894	10,177
リース債務	1,626	3,669
繰延税金負債	770	431
再評価に係る繰延税金負債	※1 472	※1 472
退職給付に係る負債	2,585	2,597
役員退職慰労引当金	206	214
製品自主回収引当金	37	186
その他	2,396	1,546
固定負債合計	26,989	19,295
負債合計	76,916	72,352
純資産の部		
株主資本		
資本金	3,459	3,459
資本剰余金	8,014	8,147
利益剰余金	55,472	60,092
自己株式	△3,374	△3,587
株主資本合計	63,571	68,112
その他の包括利益累計額		
その他有価証券評価差額金	1,103	1,317
繰延ヘッジ損益	800	680
土地再評価差額金	※1 624	※1 624
為替換算調整勘定	13,158	16,712
退職給付に係る調整累計額	△395	△433
その他の包括利益累計額合計	15,291	18,900
新株予約権	310	154
純資産合計	79,174	87,167
負債純資産合計	156,090	159,519

② 連結損益計算書及び連結包括利益計算書
連結損益計算書

（単位：百万円）

	前連結会計年度 （自　2021年4月1日 至　2022年3月31日）	当連結会計年度 （自　2022年4月1日 至　2023年3月31日）
売上高	※1 165,448	※1 187,297
売上原価	※2,※3 98,842	※2,※3 114,948
売上総利益	66,606	72,348
販売費及び一般管理費	※3,※4 54,261	※3,※4 59,229
営業利益	12,344	13,119
営業外収益		
受取利息及び配当金	56	195
受取賃貸料	148	151
為替差益	314	－
感染拡大防止協力金	85	0
その他	210	231
営業外収益合計	816	579
営業外費用		
支払利息	332	612
為替差損	－	688
製品自主回収引当金繰入額	－	174
貸与資産経費	35	31
その他	125	147
営業外費用合計	493	1,654
経常利益	12,666	12,043
特別利益		
固定資産売却益	※5 1,930	※5 6
新株予約権戻入益	137	54
雇用調整助成金等	38	－
その他	69	－
特別利益合計	2,175	61
特別損失		
減損損失	※6 790	※6 15
新型コロナウイルス感染症による損失	※7 221	※7 32
事業構造改善費用	－	※8 147
事業撤退損	－	※9 260
その他	58	6
特別損失合計	1,070	462
税金等調整前当期純利益	13,772	11,642
法人税、住民税及び事業税	4,335	3,839
法人税等調整額	322	△511
法人税等合計	4,658	3,328
当期純利益	9,114	8,314
親会社株主に帰属する当期純利益	9,114	8,314

連結包括利益計算書

（単位：百万円）

	前連結会計年度 （自 2021年4月1日 至 2022年3月31日）	当連結会計年度 （自 2022年4月1日 至 2023年3月31日）
当期純利益	9,114	8,314
その他の包括利益		
その他有価証券評価差額金	275	213
繰延ヘッジ損益	195	△120
為替換算調整勘定	3,883	3,553
退職給付に係る調整額	△7	△37
その他の包括利益合計	※1 4,346	※1 3,608
包括利益	13,460	11,923
（内訳）		
親会社株主に係る包括利益	13,460	11,923
非支配株主に係る包括利益	－	－

③ 連結株主資本等変動計算書

前連結会計年度（自 2021年4月1日 至 2022年3月31日）

（単位：百万円）

	株主資本				
	資本金	資本剰余金	利益剰余金	自己株式	株主資本合計
当期首残高	3,459	9,211	48,226	△2,307	58,590
当期変動額					
剰余金の配当			△1,868		△1,868
親会社株主に帰属する当期純利益			9,114		9,114
自己株式の消却		△1,198		1,198	－
自己株式の取得				△2,265	△2,265
自己株式の処分		0		1	1
株主資本以外の項目の当期変動額（純額）					
当期変動額合計	－	△1,197	7,245	△1,066	4,981
当期末残高	3,459	8,014	55,472	△3,374	63,571

	その他の包括利益累計額						新株予約権	純資産合計
	その他有価証券評価差額金	繰延ヘッジ損益	土地再評価差額金	為替換算調整勘定	退職給付に係る調整累計額	その他の包括利益累計額合計		
当期首残高	828	605	624	9,275	△388	10,944	393	69,928
当期変動額								
剰余金の配当								△1,868
親会社株主に帰属する当期純利益								9,114
自己株式の消却								－
自己株式の取得								△2,265
自己株式の処分								1
株主資本以外の項目の当期変動額（純額）	275	195	－	3,883	△7	4,346	△82	4,264
当期変動額合計	275	195	－	3,883	△7	4,346	△82	9,246
当期末残高	1,103	800	624	13,158	△395	15,291	310	79,174

当連結会計年度（自　2022年4月1日　至　2023年3月31日）

（単位：百万円）

	株主資本				
	資本金	資本剰余金	利益剰余金	自己株式	株主資本合計
当期首残高	3,459	8,014	55,472	△3,374	63,571
当期変動額					
剰余金の配当			△3,694		△3,694
親会社株主に帰属する当期純利益			8,314		8,314
自己株式の消却					−
自己株式の取得				△669	△669
自己株式の処分		133		456	589
株主資本以外の項目の当期変動額（純額）					
当期変動額合計	−	133	4,620	△213	4,540
当期末残高	3,459	8,147	60,092	△3,587	68,112

	その他の包括利益累計額						新株予約権	純資産合計
	その他有価証券評価差額金	繰延ヘッジ損益	土地再評価差額金	為替換算調整勘定	退職給付に係る調整累計額	その他の包括利益累計額合計		
当期首残高	1,103	800	624	13,158	△395	15,291	310	79,174
当期変動額								
剰余金の配当								△3,694
親会社株主に帰属する当期純利益								8,314
自己株式の消却								−
自己株式の取得								△669
自己株式の処分								589
株主資本以外の項目の当期変動額（純額）	213	△120	−	3,553	△37	3,608	△156	3,452
当期変動額合計	213	△120	−	3,553	△37	3,608	△156	7,992
当期末残高	1,317	680	624	16,712	△433	18,900	154	87,167

④ 連結キャッシュ・フロー計算書

(単位：百万円)

	前連結会計年度 （自 2021年4月1日 至 2022年3月31日）	当連結会計年度 （自 2022年4月1日 至 2023年3月31日）
営業活動によるキャッシュ・フロー		
税金等調整前当期純利益	13,772	11,642
減価償却費	5,806	6,216
減損損失	790	15
のれん償却額	1,551	1,853
新株予約権戻入益	△137	△54
雇用調整助成金等	△38	－
新型コロナウイルス感染症による損失	221	32
事業構造改善費用	－	147
事業撤退損	－	260
貸倒引当金の増減額（△は減少）	0	△39
引当金の増減額（△は減少）	389	7
退職給付に係る負債の増減額（△は減少）	66	41
受取利息及び受取配当金	△56	△195
支払利息	332	612
為替差損益（△は益）	219	295
有形固定資産売却損益（△は益）	△1,895	△3
投資有価証券売却損益（△は益）	△23	△31
売上債権の増減額（△は増加）	△1,373	38
棚卸資産の増減額（△は増加）	△2,432	195
前払費用の増減額（△は増加）	△296	△133
前渡金の増減額（△は増加）	△457	731
仕入債務の増減額（△は減少）	450	△118
未払金の増減額（△は減少）	1,688	△217
未払費用の増減額（△は減少）	837	△399
その他	221	708
小計	19,633	21,607
利息及び配当金の受取額	55	189
利息の支払額	△331	△589
雇用調整助成金等の受取額	38	－
新型コロナウイルス感染症による損失の支払額	△153	△27
事業構造改善費用の支払額	－	△147
法人税等の支払額	△2,836	△4,808
営業活動によるキャッシュ・フロー	16,405	16,223
投資活動によるキャッシュ・フロー		
有形固定資産の取得による支出	△2,939	△1,526
有形固定資産の売却による収入	1,811	2
無形固定資産の取得による支出	△1,467	△1,083
投資有価証券の売却による収入	69	316
その他	36	156
投資活動によるキャッシュ・フロー	△2,488	△2,134

	前連結会計年度 （自　2021年4月1日 　至　2022年3月31日）	当連結会計年度 （自　2022年4月1日 　至　2023年3月31日）
財務活動によるキャッシュ・フロー		
短期借入金の純増減額（△は減少）	507	2,067
長期借入金の返済による支出	△8,026	△8,726
配当金の支払額	△1,869	△3,691
ファイナンス・リース債務の返済による支出	△2,751	△3,106
自己株式の取得による支出	△2,265	△669
自己株式の処分による収入	1	309
セール・アンド・リースバックによる収入	1,584	306
その他	△171	△179
財務活動によるキャッシュ・フロー	△12,991	△13,689
現金及び現金同等物に係る換算差額	837	649
現金及び現金同等物の増減額（△は減少）	1,762	1,049
現金及び現金同等物の期首残高	63,548	65,310
現金及び現金同等物の期末残高	※1 65,310	※1 66,360

【注記事項】

（連結財務諸表作成のための基本となる重要な事項）

1．連結の範囲に関する事項 ………………………………………………………

（1）　連結子会社の数　35社 …………………………………………………

主要な連結子会社の名称

（株）トミーテック，（株）タカラトミーアーツ，（株）タカラトミーマーケティング，（株）キデイランド，TOMY Holdings, Inc.，TOMY International, Inc.，TOMY（Hong Kong）Ltd.

当連結会計年度において，T-LicensingInc.は新規設立のため，連結の範囲に含めております。

（2）　主要な非連結子会社の名称等 ……………………………………………

該当事項はありません。

2．持分法の適用に関する事項 …………………………………………………

（1）　持分法適用の関連会社数　1社 ……………………………………………

（株）タツノコプロ

（2） 持分法を適用していない関連会社（三陽工業（株） 他1社）は，当期純損益（持分に見合う額）及び利益剰余金（持分に見合う額）等からみて，持分法の対象から除いても連結財務諸表に及ぼす影響が軽微であり，かつ，全体としても重要性がないため持分法の適用範囲から除外しております。

3. 連結子会社の事業年度等に関する事項

連結子会社の決算日が連結決算日と異なる会社は次のとおりであります。

会社名	決算日	
TOMY（Shenzhen）Ltd.	12月31日	＊
TOMY（Shanghai）Ltd.	12月31日	＊

＊ 連結決算日現在で本決算に準じた仮決算を行った財務諸表を基礎としております。

4. 会計方針に関する事項

（1） 重要な資産の評価基準及び評価方法

イ 有価証券

（イ） 満期保有目的の債券

償却原価法（定額法）を採用しております。

（ロ） その他有価証券

市場価格のない株式等以外のもの

時価法（評価差額は全部純資産直入法により処理し，売却原価は移動平均法により算定）を採用しております。

市場価格のない株式等

移動平均法による原価法を採用しております。

ロ デリバティブ

時価法を採用しております。

ハ 棚卸資産

当社及び国内連結子会社

主として総平均法による原価法（貸借対照表価額は収益性の低下に基づく簿価切下げの方法により算定）を採用しておりますが，一部子会社につきましては売価還元原価法（貸借対照表価額は収益性の低下に基づく簿価切下げの方法

により算定）を採用しております。

在外連結子会社

　主として先入先出法による低価法を採用しております。

（2）　重要な減価償却資産の減価償却の方法 ……………………………………

イ　有形固定資産（リース資産及び使用権資産を除く）

当社及び国内連結子会社

　定率法（ただし，1998年4月1日以降取得した建物（建物附属設備は除く）並びに2016年4月1日以降取得した建物附属設備及び構築物については，定額法）を採用しております。

　なお，主な耐用年数は以下のとおりであります。

建物及び構築物　　　　2～65年

工具，器具及び備品　　2～20年

在外連結子会社

　見積耐用年数に基づく定額法を採用しております。

ロ　無形固定資産（リース資産及び使用権資産を除く）

定額法を採用しております。

　なお，自社利用のソフトウエアについては，社内における利用可能期間（5年以内）に基づいております。

ハ　リース資産

　リース期間を耐用年数とし，残存価額を零とする定額法を採用しております。

ニ　使用権資産

　リース期間を耐用年数とし，残存価額を零とする定額法を採用しております。

（3）　重要な引当金の計上基準 ……………………………………………………

イ　貸倒引当金

　連結会計年度末現在に有する金銭債権の貸倒による損失に備えるため，一般債権については貸倒実績率により，貸倒懸念債権等特定の債権については個別に回収可能性を勘案し，回収不能見込額を計上しております。

ロ　役員賞与引当金

　　役員賞与の支出に備えて，当連結会計年度における支給見込額に基づき計上しております。

ハ　製品保証引当金

　　製品の品質保証に伴う支出に備えるため，過去の実績に基づいて今後必要と見込まれる額を計上しております。

ニ　製品自主回収引当金

　　製品自主回収に関する回収費用について，当連結会計年度末において必要と認めた合理的な損失見積額を計上しております。

ホ　役員退職慰労引当金

　　連結子会社は，役員の退職慰労金の支払いに備えるため，内規に基づく連結会計年度末要支給額を計上しております。

ヘ　役員株式給付引当金

　　「取締役向け株式交付規程」に基づく取締役への当社株式の給付に備えるため，当連結会計年度末における株式給付債務の見込額に基づき計上しております。

ト　株式給付引当金

　　「執行役員等向け株式交付規程」に基づく執行役員等への当社株式の給付に備えるため，当連結会計年度末における株式給付債務の見込額に基づき計上しております。

（4）　退職給付に係る会計処理の方法

イ　退職給付見込額の期間帰属方法

　　退職給付債務の算定にあたり，退職給付見込額を当連結会計年度末までの期間に帰属させる方法については，給付算定式基準によっております。

ロ　数理計算上の差異及び過去勤務費用の費用処理方法

　　過去勤務費用については，その発生時における従業員の平均残存勤務期間以内の一定の年数（主に5年）による定額法により費用処理しております。

　　数理計算上の差異については，主として各連結会計年度の発生時における従

業員の平均残存勤務期間以内の一定の年数（主に5年）による定額法により按分した額をそれぞれ発生の翌連結会計年度から費用処理しております。

ハ　小規模企業等における簡便法の採用

　　一部の連結子会社は，退職給付に係る負債及び退職給付費用の計算に，退職給付に係る期末自己都合要支給額を退職給付債務とする方法を用いた簡便法を適用しております。

(5)　重要な収益及び費用の計上基準

　　当社グループでは，玩具及び玩具周辺商品の企画・製造・販売を主な事業としております。これらの商品の販売については，約束した財又はサービスの支配が顧客に移転した時点で，履行義務が充足されることから，当該財又はサービスと交換に受け取ると見込まれる金額で収益を認識しております。

　　顧客への商品の販売と同時に取引先より商品を仕入れるいわゆる消化仕入取引については，当該他の当事者により商品が提供されるように手配することが当社グループの履行義務であり，代理人として取引を行っていると判断しております。

　　国内販売においては出荷時から当該商品の支配が顧客に移転される時までの期間が通常の期間である場合には，出荷時に収益を認識しております。

　　取引価格の算定については，顧客との契約において約束された対価から返品，リベート等を控除した金額で測定しております。リベートを付して販売する場合，取引価格は契約において顧客と約束した対価から当該リベートの見積額又は確定額を控除した金額で算定しております。なお，当社グループが代理人に該当すると判断したものについては，顧客から受け取る対価の総額から仕入先に対する支払額を控除した金額で測定しております。

　　これらの履行義務に対する対価は，月次で顧客に請求しており，通常の支払期限は概ね120日以内となり，重要な金融要素は含まれておりません。

(6)　重要な外貨建の資産又は負債の本邦通貨への換算の基準

　　外貨建金銭債権債務は，連結決算日の直物為替相場により円貨換算し，換算差額は損益として処理しております。なお，在外子会社等の資産及び負債は連結

決算日の直物為替相場により円貨に換算し，収益及び費用は期中平均相場により換算し，換算差額は純資産の部における為替換算調整勘定に含めております。

（7）　重要なヘッジ会計の方法 ………………………………………………………

イ　ヘッジ会計の方法

ヘッジ会計の適用要件を満たすものについては，繰延ヘッジ処理を適用しております。

ロ　ヘッジ手段とヘッジ対象

ヘッジ手段…先物為替予約，通貨スワップ，金利スワップ

ヘッジ対象…外貨建金銭債権債務及び外貨建予定取引，変動金利の借入金

ハ　ヘッジ方針

為替変動リスク及び金利変動リスク低減のため，ヘッジ対象の一定の範囲内でヘッジを行っております。

ニ　ヘッジ有効性評価の方法

ヘッジ手段及びヘッジ対象について，ヘッジ効果を検証しております。ただし，ヘッジ手段とヘッジ対象に関する元本・利率・期間等の重要な条件が同一の場合はヘッジ効果が極めて高いことから，ヘッジ有効性の評価は省略しております。

（8）　のれんの償却方法及び償却期間 ……………………………………………

のれんの償却については，15～20年間で均等償却し，少額のものは発生時に一括償却しております。

（9）　連結キャッシュ・フロー計算書における資金の範囲 ……………………

手許現金，随時引き出し可能な預金及び容易に換金可能であり，かつ，価値の変動について僅少なリスクしか負わない取得日から3ヶ月以内に償還期限の到来する短期投資からなっております。

（重要な会計上の見積り）

1．アメリカズセグメントに関するのれんの評価 ·······························

（1） 当連結会計年度の連結財務諸表に計上した金額 ·······················

RC2 Corporation（現TOMY Holdings, Inc.）の持分取得により生じたアメリカズセグメントに関するのれん

（単位：百万円）

	前連結会計年度	当連結会計年度
のれん	6,813	6,615

（2） 識別した項目に係る重要な会計上の見積りの内容に関する情報 ··············

　当社グループは必要に応じて，のれんの帳簿価額の回収可能性について疑義を生じさせる事象又は状況変化がある場合に減損の判定を行っています。減損の兆候があると判断し，のれんを含む資産グループの帳簿価額が当該資産グループの使用及び最後の処分から得られる割引前将来キャッシュ・フローを超えている場合に，減損損失が計上されます。計上する減損損失の金額は，帳簿価額が回収可能価額を超過する場合のその超過額であり，回収可能価額は主に割引キャッシュ・フロー評価法を用いて決定しています。

　アメリカズセグメントにおいては，中期経営計画を基に将来キャッシュ・フローの見積り及び回収可能価額の算定を実施しており，その算定は合理的に行われたものと考えていますが，新規商品の投入やコアブランドの強化のためのマーケティング施策の効果の発現及びインフレーションによる影響について，不確実性が高い仮定が使用されています。また，割引前将来キャッシュ・フローにはのれんの経済的残存使用年数経過時点における他の資産の回収可能価額も含まれますが，この価額を測定する際に用いる割引率の見積りにおいては，計算手法及びインプットデータの選択にあたり，評価に関する高度な専門知識を必要とします。以上から，アメリカズセグメントをとりまく市場の動向や経済情勢により，キャッシュ・フローや回収可能価額の見積りが変動した場合，翌連結会計年度の連結財務諸表において，のれんの評価に重要な影響を与える可能性があります。

2. 繰延税金資産

（1） 当連結会計年度の連結財務諸表に計上した金額

（単位：百万円）

（単位：百万円）

	前連結会計年度	当連結会計年度
繰延税金資産	1,215	1,483

（2） 識別した項目に係る重要な会計上の見積りの内容に関する情報 ⋯⋯⋯⋯⋯

　繰延税金資産の認識にあたり，将来減算一時差異，繰越欠損金及び繰越税額控除の一部又は全部が将来課税所得に対して利用できる可能性を考慮しています。繰延税金資産の回収可能性の評価においては，予定される繰延税金負債の取崩し，予測される将来課税所得及びタックス・プランニングを考慮しています。

　当社グループでは，過去の課税所得水準及び将来の事業計画を基に繰延税金資産が計上可能な期間における将来課税所得の予測を作成し繰延税金資産を算定しており，その算定は合理的に行われたものと考えていますが，当社グループをとりまく市場の動向や経済情勢により，将来課税所得の予測は変動する可能性があります。

（会計方針の変更）

　（米国会計基準ASU第2016-02号「リース」の適用）

　米国会計基準を適用している在外連結子会社は，当連結会計年度の期首より，米国会計基準ASU第2016-02号「リース」（以下「ASU第2016-02号」という。）を適用しております。これにより，リースの借手は，原則としてすべてのリースを貸借対照表に資産及び負債として計上することといたしました。ASU第2016-02号の適用については，経過的な取扱いに従っており，会計方針の変更による累積的影響額を適用開始日に認識する方法を採用しております。

　この結果，当連結会計年度末の「有形固定資産」の「使用権資産」が2,916百万円，流動負債の「リース債務」が580百万円，固定負債の「リース債務」が2,549百万円増加しております。なお，当連結会計年度の損益に与える影響は軽微であ

ります。

(表示方法の変更)

(連結キャッシュ・フロー計算書)

前連結会計年度において，「営業活動によるキャッシュ・フロー」の「その他」に含めていた「前渡金の増減額」は，金額的重要性が増したため，当連結会計年度より独立掲記することとしました。この表示方法の変更を反映させるため，前連結会計年度の連結財務諸表の組替えを行っております。

この結果，前連結会計年度の連結キャッシュ・フロー計算書において，「営業活動によるキャッシュ・フロー」の「その他」に表示していた△457百万円は，「前渡金の増減額」△457百万円として組み替えております。

(追加情報)

(役員向け株式交付信託及び執行役員等向け株式交付信託)

当社及び一部の連結子会社は，当社の取締役（非業務執行取締役を除きます。以下も同様です。）及び一部の連結子会社の取締役（非常勤取締役を除きます。以下も同様です。）を対象とする「役員向け株式交付信託」及び，当社及び一部の連結子会社の執行役員及び幹部社員（以下総称して「執行役員等」という。）を対象とする「執行役員等向け株式交付信託」を導入しております。株式交付信託については，「従業員等に信託を通じて自社の株式を交付する取引に関する実務上の取扱い」（実務対応報告第30号 2015年3月26日）に準じて，総額法を適用しております。

1. 取引の概要

本制度は，当社が金銭を拠出することにより設定する信託（以下，「本信託」という。）が当社株式を取得し，当社が各取締役及び執行役員等に付与するポイントの数に相当する数の当社株式が本信託を通じて各取締役及び執行役員等に対して交付される，という株式報酬制度です。

2. 信託に残存する自社の株式

信託に残存する当社株式を，信託における帳簿価額（付随費用の金額を除く。）

により純資産の部に自己株式として計上しております。当該自己株式の帳簿価額及び株式数は，前連結会計年度末において724百万円，669千株，当連結会計年度末において556百万円，514千株であります。

2 財務諸表等

（1） 財務諸表 ·······································

① 貸借対照表

（単位：百万円）

	前事業年度 （2022年3月31日）	当事業年度 （2023年3月31日）
資産の部		
流動資産		
現金及び預金	49,737	51,348
売掛金	※1 9,565	※1 7,930
商品及び製品	3,715	3,548
仕掛品	100	150
原材料及び貯蔵品	412	499
前渡金	0	0
前払費用	※1 851	※1 1,065
短期貸付金	※1 1,569	※1 150
未収入金	※1 725	※1 939
その他	※1 1,344	※1 1,462
貸倒引当金	△12	△9
流動資産合計	68,010	67,085
固定資産		
有形固定資産		
建物	2,436	2,347
構築物	41	38
機械及び装置	20	17
車両運搬具	2	1
工具、器具及び備品	86	65
土地	3,331	3,330
リース資産	2,278	2,442
有形固定資産合計	8,195	8,242
無形固定資産		
借地権	25	25
ソフトウェア	286	347
その他	63	114
無形固定資産合計	375	487
投資その他の資産		
投資有価証券	2,536	2,539
関係会社株式	33,125	33,125
出資金	49	49
長期貸付金	※1 5,628	※1 2,192
長期前払費用	68	47
その他	160	159
貸倒引当金	△2,115	△2,192
投資その他の資産合計	39,454	35,922
固定資産合計	48,025	44,651
資産合計	116,035	111,737

	前事業年度 （2022年3月31日）	当事業年度 （2023年3月31日）
負債の部		
流動負債		
支払手形	30	25
買掛金	※1 3,675	※1 2,567
短期借入金	※1 21,073	※1 22,372
1年内返済予定の長期借入金	8,834	8,901
リース債務	1,627	1,758
未払金	※1 4,209	※1 4,247
未払費用	※1 1,760	※1 2,154
未払法人税等	985	413
役員賞与引当金	191	71
役員株式給付引当金	65	32
株式給付引当金	48	4
その他	483	502
流動負債合計	42,985	43,052
固定負債		
長期借入金	18,894	10,177
リース債務	725	712
繰延税金負債	81	41
再評価に係る繰延税金負債	472	472
退職給付引当金	915	922
債務保証損失引当金	5,037	6,345
長期預り保証金	20	20
資産除去債務	220	223
製品自主回収引当金	37	106
その他	253	238
固定負債合計	26,658	19,258
負債合計	69,643	62,311
純資産の部		
株主資本		
資本金	3,459	3,459
資本剰余金		
資本準備金	6,050	6,050
その他資本剰余金	2,302	2,435
資本剰余金合計	8,352	8,486
利益剰余金		
利益準備金	747	747
その他利益剰余金		
固定資産圧縮積立金	101	101
国庫補助金圧縮積立金	0	0
別途積立金	12,600	12,600
繰越利益剰余金	22,055	25,049
利益剰余金合計	35,504	38,498
自己株式	△3,374	△3,587
株主資本合計	43,942	46,856
評価・換算差額等		
その他有価証券評価差額金	1,089	1,302
繰延ヘッジ損益	425	487
土地再評価差額金	624	624
評価・換算差額等合計	2,139	2,415
新株予約権	310	154
純資産合計	46,392	49,426
負債純資産合計	116,035	111,737

② 損益計算書

（単位：百万円）

	前事業年度 （自 2021年4月1日 至 2022年3月31日）	当事業年度 （自 2022年4月1日 至 2023年3月31日）
売上高	※1 77,078	※1 81,920
売上原価	※1 50,664	※1 55,636
売上総利益	26,414	26,283
販売費及び一般管理費	※1, ※2 21,137	※1, ※2 21,102
営業利益	5,276	5,181
営業外収益		
受取利息及び受取配当金	※1 816	※1 4,972
受取賃貸料	※1 293	※1 291
受取手数料	※1 102	※1 109
為替差益	156	
その他	※1 70	※1 105
営業外収益合計	1,439	5,479
営業外費用		
支払利息	※1 246	※1 684
貸与資産経費	117	126
為替差損	－	258
その他	※1 10	※1 94
営業外費用合計	374	1,164
経常利益	6,342	9,496
特別利益		
新株予約権戻入益	137	54
特別利益合計	137	54
特別損失		
減損損失	2	1
債務保証損失引当金繰入額	368	1,307
貸倒引当金繰入額	112	76
新型コロナウイルス感染症による損失	8	－
事業撤退損	－	260
その他	0	0
特別損失合計	491	1,646
税引前当期純利益	5,987	7,905
法人税、住民税及び事業税	1,567	1,348
法人税等調整額	78	△132
法人税等合計	1,646	1,216
当期純利益	4,341	6,688

③　株主資本等変動計算書

前事業年度（自　2021年4月1日　至　2022年3月31日）

（単位：百万円）

	株主資本									
	資本金	資本剰余金			利益剰余金					
		資本準備金	その他資本剰余金	資本剰余金合計	利益準備金	その他利益剰余金				利益剰余金合計
						固定資産圧縮積立金	国庫補助金圧縮積立金	別途積立金	繰越利益剰余金	
当期首残高	3,459	6,050	3,499	9,550	747	102	0	12,600	19,581	33,030
当期変動額										
固定資産圧縮積立金の取崩						△0			0	－
剰余金の配当									△1,868	△1,868
当期純利益									4,341	4,341
自己株式の消却			△1,198	△1,198						
自己株式の取得										
自己株式の処分			0	0						
株主資本以外の項目の当期変動額（純額）										
当期変動額合計	－	－	△1,197	△1,197	－	△0	－	－	2,473	2,473
当期末残高	3,459	6,050	2,302	8,352	747	101	0	12,600	22,055	35,504

| | 株主資本 | | 評価・換算差額等 | | | | 新株予約権 | 純資産合計 |
	自己株式	株主資本合計	その他有価証券評価差額金	繰延ヘッジ損益	土地再評価差額金	評価・換算差額等合計		
当期首残高	△2,307	43,732	813	417	624	1,854	393	45,980
当期変動額								
固定資産圧縮積立金の取崩		－						
剰余金の配当		△1,868						△1,868
当期純利益		4,341						4,341
自己株式の消却	1,198	－						－
自己株式の取得	△2,265	△2,265						△2,265
自己株式の処分	1	1						1
株主資本以外の項目の当期変動額（純額）			276	8	－	285	△82	202
当期変動額合計	△1,066	209	276	8	－	285	△82	411
当期末残高	△3,374	43,942	1,089	425	624	2,139	310	46,392

当事業年度（自　2022年4月1日　至　2023年3月31日）

（単位：百万円）

	株主資本									
	資本金	資本剰余金			利益剰余金					
		資本準備金	その他資本剰余金	資本剰余金合計	利益準備金	その他利益剰余金				利益剰余金合計
						固定資産圧縮積立金	国庫補助金圧縮積立金	別途積立金	繰越利益剰余金	
当期首残高	3,459	6,050	2,302	8,352	747	101	0	12,600	22,055	35,504
当期変動額										
固定資産圧縮積立金の取崩						△0			0	−
剰余金の配当									△3,694	△3,694
当期純利益									6,688	6,688
自己株式の消却										
自己株式の取得										
自己株式の処分			133	133						
株主資本以外の項目の当期変動額（純額）										
当期変動額合計	−	−	133	133	−	△0	−	−	2,994	2,994
当期末残高	3,459	6,050	2,435	8,486	747	101	0	12,600	25,049	38,498

| | 株主資本 | | 評価・換算差額等 | | | | 新株予約権 | 純資産合計 |
	自己株式	株主資本合計	その他有価証券評価差額金	繰延ヘッジ損益	土地再評価差額金	評価・換算差額等合計		
当期首残高	△3,374	43,942	1,089	425	624	2,139	310	46,392
当期変動額								
固定資産圧縮積立金の取崩		−						−
剰余金の配当		△3,694						△3,694
当期純利益		6,688						6,688
自己株式の消却		−						−
自己株式の取得	△669	△669						△669
自己株式の処分	456	589						589
株主資本以外の項目の当期変動額（純額）			213	62	−	275	△156	119
当期変動額合計	△213	2,914	213	62	−	275	△156	3,033
当期末残高	△3,587	46,856	1,302	487	624	2,415	154	49,426

【注記事項】

（重要な会計方針）

1. 資産の評価基準及び評価方法 ……………………………………………

（1） 有価証券の評価基準及び評価方法 ………………………………………

満期保有目的の債券

　償却原価法（定額法）を採用しております。

子会社株式及び関連会社株式

　移動平均法による原価法を採用しております。

その他有価証券

市場価格のない株式等以外のもの

　　時価法（評価差額は全部純資産直入法により処理し，売却原価は移動平均法により算定）を採用しております。

市場価格のない株式等

　移動平均法による原価法を採用しております。

（2） デリバティブの評価基準及び評価方法 ……………………………………

デリバティブ

　時価法を採用しております。

（3） 棚卸資産の評価基準及び評価方法 ………………………………………

商品及び製品

　　総平均法による原価法（貸借対照表価額は収益性の低下に基づく簿価切下げの方法により算定）を採用しております。

仕掛品

　　個別法による原価法（貸借対照表価額は収益性の低下に基づく簿価切下げの方法により算定）を採用しております。

原材料及び貯蔵品

　　総平均法による原価法（貸借対照表価額は収益性の低下に基づく簿価切下げの方法により算定）を採用しております。

2. 固定資産の減価償却の方法

（1）　有形固定資産（リース資産を除く）

定率法（ただし，1998年4月1日以降取得した建物（建物附属設備は除く）並びに2016年4月1日以降取得した建物附属設備及び構築物については，定額法）を採用しております。

なお，主な耐用年数は以下のとおりであります。

建物　　　　　　　　2〜65年

工具，器具及び備品　2〜20年

（2）　無形固定資産（リース資産を除く）

定額法を採用しております。

なお，ソフトウエア（自社利用）については，社内における利用可能期間（5年以内）に基づく定額法を採用しております。

（3）　リース資産

リース期間を耐用年数として，残存価額を零とする定額法を採用しております。

3. 引当金の計上基準

（1）　貸倒引当金

事業年度末現在に有する金銭債権の貸倒れによる損失に備えるため，一般債権については貸倒実績率により，貸倒懸念債権等特定の債権については個別に回収可能性を勘案し，回収不能見込額を計上しております。

（2）　役員賞与引当金

役員賞与の支出に備えて，当事業年度における支給見込額を計上しております。

（3）　債務保証損失引当金

関係会社への債務保証に係る損失に備えるため，当該会社の財政状態等を勘案して必要額を計上しております。

（4） 製品自主回収引当金

製品自主回収に関する回収費用について，当事業年度末において必要と認めた合理的な損失見積額を計上しております。

（5） 退職給付引当金

従業員の退職給付に備えるため，当事業年度末における退職給付債務及び年金資産の見込額に基づき，当事業年度末において発生していると認められる額を計上しております。

過去勤務費用は，その発生時の従業員の平均残存勤務期間以内の一定の年数（5年）による定額法により費用処理しております。

数理計算上の差異は，各事業年度の発生時における従業員の平均残存勤務期間以内の一定の年数（5年）による定額法により按分した額を，それぞれ発生の翌事業年度から費用処理しております。

（6） 役員株式給付引当金

「取締役向け株式交付規程」に基づく取締役への当社株式の給付に備えるため，当事業年度末における株式給付債務の見込額に基づき計上しております。

（7） 株式給付引当金

「執行役員等向け株式交付規程」に基づく執行役員等への当社株式の給付に備えるため，当事業年度末における株式給付債務の見込額に基づき計上しております。

4. 収益及び費用の計上基準

当社では，玩具及び玩具周辺商品の企画・製造・販売を主な事業としております。これらの商品の販売については，約束した財又はサービスの支配が顧客に移転した時点で，当該財又はサービスと交換に受け取ると見込まれる金額で収益を認識しております。

国内販売においては出荷時から当該商品の支配が顧客に移転される時までの期

間が通常の期間である場合には，出荷時に収益を認識しております。

　取引価格の算定については，顧客との契約において約束された対価から返品，値引等を控除した金額で測定しております。これらの履行義務に対する対価は，月次で顧客に請求しており，通常の支払期限は概ね90日以内となり，重要な金融要素は含まれておりません。

5. 重要なヘッジ会計の方法
(1) ヘッジ会計の方法
　ヘッジ会計の適用要件を満たすものについては，繰延ヘッジ処理を適用しております。

(2) ヘッジ手段とヘッジ対象
　　ヘッジ手段……先物為替予約，金利スワップ
　　ヘッジ対象……外貨建金銭債権債務及び外貨建予定取引，変動金利の借入金

(3) ヘッジ方針
　為替変動リスク及び金利変動リスク低減のため，ヘッジ対象の一定の範囲内でヘッジを行っております。

(4) ヘッジ有効性評価の方法
　ヘッジ手段及びヘッジ対象について，ヘッジ効果を検証しております。ただし，ヘッジ手段とヘッジ対象に関する元本・利率・期間等の重要な条件が同一の場合はヘッジ効果が極めて高いことから，ヘッジ有効性の評価は省略しております。

6. その他財務諸表作成のための基本となる重要な事項
(1) 退職給付に係る会計処理
　退職給付に係る未認識数理計算上の差異及び未認識過去勤務費用の未処理額の会計処理の方法は，連結財務諸表におけるこれらの会計処理と異なっております。

（重要な会計上の見積り）

1. アメリカズセグメントに関する関係会社株式の評価 ....

（1） 当事業年度の財務諸表に計上した金額 ....

アメリカズセグメントに関する関係会社株式

（単位：百万円）

	前事業年度	当事業年度
関係会社株式	27,620	27,620

（2） 識別した項目に係る重要な会計上の見積りの内容に関する情報 ....

当社は，非上場の子会社に対する投資等，市場価格のない株式について，当該株式の発行会社の財政状態の悪化により実質価額が著しく低下したときには，回復可能性が十分な証拠によって裏付けられる場合を除いて，投資について評価損の認識を行っております。

アメリカズセグメントにおいて，のれんの減損の兆候の判定・減損損失の認識の要否に関する判定は，中期経営計画を元に将来キャッシュ・フローの見積り及び回収可能価額の算定を実施しております。当該見積りが変動した場合，米国会社の財政状態が悪化し，当該株式の実質価額が著しく低下する可能性があります。

2. 繰延税金資産 ....

（1） 当事業年度の財務諸表に計上した金額 ....

（単位：百万円）

	前事業年度	当事業年度
繰延税金資産（注）	775	793

（注） 繰延税金負債との相殺前の金額となります。

（2） 識別した項目に係る重要な会計上の見積りの内容に関する情報 ....

繰延税金資産の認識にあたり，将来減算一時差異，繰越欠損金及び繰越税額控除の一部又は全部が将来課税所得に対して利用できる可能性を考慮しています。繰延税金資産の回収可能性の評価においては，予定される繰延税金負債の取崩し，予測される将来課税所得及びタックス・プランニングを考慮しています。

当社では，過去の課税所得水準及び将来の事業計画を元に繰延税金資産が計上可能な期間における将来課税所得の予測を作成し繰延税金資産を算定しており，その算定は合理的に行われたものと考えていますが，当社をとりまく市場の動向や経済情勢により，将来課税所得の予測は変動する可能性があります。

（追加情報）
　（役員向け株式交付信託及び執行役員等向け株式交付信託）
　取締役並びに執行役員等に信託を通じて自社の株式を交付する取引に関する注記については，連結財務諸表「注記事項（追加情報）」に同一の内容を記載しているので，注記を省略しております。

第2章

エンタメ・レジャー業界の "今"を知ろう

企業の募集情報は手に入れた。しかし，それだけでは
まだ不十分。企業単位ではなく，業界全体を俯瞰する
視点は，面接などでもよく問われる重要ポイントだ。
この章では直近1年間のレジャー業界を象徴する重大
ニュースをまとめるとともに，今後の展望について言
及している。また，章末にはレジャー業界における有
名企業（一部抜粋）のリストも記載してあるので，今
後の就職活動の参考にしてほしい。

エンタメ・レジャー 業界の動向

> 「レジャー」とは，ゲーム，テーマパーク，劇場，映画館，旅行，ホテル，パチンコ，スポーツ・フィットネスなど，人々の余暇に関する業界である。景気に左右されやすく，時代を色濃く反映するのが特徴である。

❖ ゲーム業界の動向

　現在のゲームの形態は，スマートフォンで遊ぶスマホゲーム，専用機で遊ぶ家庭用ゲーム，そしてパソコンで遊ぶPCゲームに大別される。現行の家庭用ゲームハードはソニーグループの「プレイステーション5」，任天堂の「ニンテンドースイッチ」，そしてマイクロソフトの「XboxSeriesX/SeriesS」の3機種があげられる。2022年の国内ゲーム市場は2兆5923億，世界では24兆8237億円にもなる。

●ポケモン，ゼルダら人気シリーズがヒット

　かつてのゲーム業界では，販売されたゲームソフトは専用の家庭用ハードで遊ぶことが前提であった。1990年代では初代「プレイステーション」とセガの「セガサターン」で激しいシェア争いが起きたが，「ドラゴンクエスト」「ファイナルファンタジー」といった人気タイトルを独占したプレイステーションがシェアを勝ち取り，後の「プレイステーション2」の時代までソニーの一強体制を作り上げた。

　2023年現在では，ダウンロード版の販売が増えたこともあり，ひとつのタイトルが各種ハードにまたがって発売されることも多くなった。そんな中，任天堂は「マリオ」「ポケモン」「ゼルダ」などの独自タイトルを多く抱えている。2022年11月に発売された「ポケットモンスタースカーレット・バイオレット」，2023年5月発売の「ゼルダの伝説　ティアーズ　オブ　ザ　キングダム」などはニンテンドースイッチ専用タイトルながらも発売3日間で

1000万本を売り上げた。2017年に発売されたニンテンドースイッチ自体の販売台数は低下しているが，年間プレイユーザー数は増加している。

ソニーグループはプレイステーション5が好調。発売当初は品薄から転売問題が話題となったが，2023年には安定した供給が確立されている。2023年11月には旧来からの性能はそのままで，30%以上の軽量化をはかった新型プレイステーション5と，携帯機として「PlayStation Portal リモートプレーヤー」を発売した。

●スマホゲームは中国の台頭が目立つ

専用ハードを買い求める必要がある家庭用ゲーム機と異なり，誰もが手にするスマートフォンを使用するモバイルゲームは，その手に取りやすさから普段ゲームをしないカジュアル層への訴求力を強く持つ。

2021年にリリースされたサイゲームス「ウマ娘 プリティダービー」は社会現象ともいえる大ヒットを記録，2022年も894億円を売り上げ，これはモバイルゲーム全体の2位であった。モバイルゲーム売り上げ1位はモバイルゲーム黎明期にリリースされたMIXIの「モンスターストライク」で，933億円を売り上げた。同じく黎明期のタイトルであるガンホーの「パズル&ドラゴン」も422億円と4位の売り上げで息の長さを感じさせる。

近年，モバイルゲーム業界では中国企業の台頭が目立つ。miHoYoの「原神」やネットイースの「荒野行動」などはランキングトップ10内におり，今後ますます競争が激化していくと思われる。

❖ テーマパーク業界の動向

テーマパーク業界は，新型コロナウイルスの影響を多大に受けた。東京ディズニーリゾートは，2020年2月29日から6月末まで丸4カ月以上の臨時休園に踏み切った。ユニバーサル・スタジオ・ジャパンも6月初旬から3カ月以上休業・ほかの遊園地や動物園・水族館も程度の違いはあれど，休園措置を余儀なくされた。

2021年から徐々に営業を再開し，2023年は本格回復を見せたが，依然，入場者数はコロナ前の水準には届いていない。各社は価格改訂をはかり，客単価をあげる方向にシフトしてきている。

●大手２社，新アトラクション，新サービスでリピーターを確保

　最大手のオリエンタルランドは，2017年４月から東京ディズニーリゾートの大規模改装，新規サービスの開始に着手した。2018年は東京ディズニーリゾートの35周年にあたる年で，ディズニーランドでは新しいショーやパレードがスタートしているほか，「イッツ・ア・スモールワールド」がリニューアルされた。2019年には，ディズニーシーに新しいアトラクションとして「ソアリン：ファンタスティック・フライト」が誕生した。2020年９月にはディズニーランドで映画「美女と野獣」「ベイマックス」などをテーマにした新施設をオープンした。また，2024年にはディズニーシーで新エリア「ファンタジースプリングス」はオープンする予定。「アナと雪の女王」「塔の上のラプンツェル」「ピーター・パン」の世界観を再現した４つのアトラクションによる３エリアが用意される。

　ユニバーサル・スタジオ・ジャパンも，2018年に「ハリー・ポッター・アンド・ザ・フォービドゥン・ジャーニー完全版」をスタートし，子供向けの『プレイング・ウィズ・おさるのジョージ』，『ミニオン・ハチャメチャ・アイス』の２つのアトラクションを追加。新パレード「ユニバーサル・スペクタクル・ナイトパレード」の開催のほか，「ウォーターワールド」もリニューアルされた。2021年には，任天堂と提携して「スーパーマリオ」をテーマとしたエリアをオープン。投資額は約500億円で「ハリー・ポッター」を超える規模となる。

　また，オリエンタルランド，ユニバーサル・スタジオ・ジャパンともに，新サービスとして有料でアトラクションの待ち時間を短縮することができるチケットを販売。客単価を上げることで収益を上げることに成功している。

●ムーミンやアニメ，新規開業も続々

　地方でもテーマパークの新設が続いている。2017年には名古屋に「レゴランド・ジャパン」がオープンしたが，2018年，隣接地に水族館「シーライフ名古屋」とホテルが追加され，レゴランド・ジャパン・リゾートとなった。また，ムーミンのテーマパーク「Metsa（メッツァ）」が埼玉県飯能に開設される。メッツァは，北欧のライフスタイルが体験できる「メッツァビレッジ」とムーミンの物語をテーマにした「ムーミンバレーパーク」の２エリアで構成され，「メッツァビレッジ」は2018年秋，「ムーミンバレーパーク」は2019年春にオープンした。

　2020年には香川県のうたづ臨海公園内に四国エリアで最大級となる水族

館「四国水族館」がオープンした。2022年には，愛知万博会場の愛・地球博記念公園内に人気アニメ「もののけ姫」や「ハウルの動く城」といったジブリの世界観を楽しめるテーマパーク「ジブリパーク」が開業。ジブリパークは5つのエリアで構成されている。「青春の丘」エリアは『耳をすませば』『ハウルの動く城』がモチーフに。「もののけの里」エリアは『もののけ姫』をテーマにしたエリアで，「魔女の谷」エリアは『ハウルの動く城』や『魔女の宅急便』をテーマにした遊戯施設が用意される予定。「どんどこ森」エリアは，現在「サツキとメイの家」が建っている同公園内の場所が該当し，『となりのトトロ』をテーマにしたエリアになっている。また，「ジブリの大倉庫」エリアは映像展示や子どもの遊び場施設になっている。

11月のオープン当初は1日の入場者数が5000人前後に抑えられていることもあり，チケットの入手が非常に困難な状況に。数ヶ月先まで予約で埋まる大盛況となっている。

❖ 旅行業界の動向

「21世紀最大の産業は，観光業」という見方もあるほど，旅行業界は世界的な成長産業である。国連世界観光機構（UNWTO）によると，2019年の世界の海外旅行者数は，前年比6％増の14億人となり，9年連続で増加した。UNWTOの長期予測では，2020年に年間14億人に，2030年には18億人に拡大するとされていたが，それよりも2年早く実現したことになる。新型コロナウイルス禍で大打撃を受けた旅行業界だが，コロナ5類移行を受けて，順調に回復してきている。

国内については，観光庁によると，2022年度の国内旅行消費額は18.7兆円まで回復した。2022年6月には政府が訪日客の受け入れを再開。入国者数の上限制度など一部では引き続き水際対策が続くものの，2023年からは正常化が見込まれている。

国内旅行会社が扱う商品は，個人・法人向けとして，国内・海外旅行などのパッケージツアーや，個々の希望に応じて宿や交通機関の手配を行う企画旅行が中心となる。わずかな手数料がおもな収入源のため，店舗を構えて担当者が対応する店舗型では店舗の運用費や人件費の負担が高くなっている。

●ネット専門旅行業の急成長に，大手も対抗

　ネット通販の拡大とともに，旅行業界においてもOTA（Online Travel Agent）が台頭している。ホテル予約について世界市場を見ると，米国では，OTA経由とホテル直販がほぼ半数ずつなのに対して，アジアでは約7割がOTA経由になっている。国内でも，2大OTAの「楽天トラベル」とリクルートの「じゃらんネット」をはじめ，エクスペディア，ホテルズ.comなどの外資系も続々と参入している。また近年は「トリバゴ」や「トリップアドバイザー」といった，ネット予約サイトを横断的に検索してホテルや航空券の価格を比較する「メタサーチ」を提供するサイトの存在感が高まっている。2017年7月には，メタサーチ大手「カヤック」が日本への本格進出した。

　こういった動向を受けて，大手各社は組織再編に乗り出している。JTBは，2017年4月に事業再編を発表。地域別・機能別に分散していた15社を本社に統合し，個人・法人・グローバルの3事業を軸に組織化した。一方，KNT-CTホールディングス（近畿日本ツーリストとクラブツーリズムの統合会社）は，JTBと正反対の戦略を示す。同時期に発表されたKNT-CTの構造改革では，これまで団体や個人といった旅行形態に合わせていた事業を，新たに地域ごとに子会社を設け，地域密着で旅行に関連する需要を取り込んでいくという。HISは2016年11月に新体制に移行し，グローバルオンライン事業を既存旅行事業から切り離した。そのねらいは「世界に通用するOTAを視野に入れた，新たなビジネスモデルを構築」だという。

　また，各社とも，所有資源を有効活用しつつ，旅行に限定しない幅広いサービスの開拓も積極的に行っている。JTBは2013年に，企業，地方自治体の海外進出をサポートする事業「LAPTA」を立ち上げ，海外進出の際の市場調査や，商談会・展示会など販路拡大の機会創出，駐在員の生活支援といったサービスの提供を始めた。HISも2015年より市場調査などのサポートを行う「HISビジネス展開支援サービス」を始めていたが，2018年からはこの事業をさらに強化した「Global Business Advance」サービスの提供を始めた。海外展開支援のための企業マネジメントや各種コンサルティング，実務支援，現地進出のサポートやビジネス展開の支援サービスを提供する。まずはトルコを皮切りに，今後は同社の世界70カ国の拠点でサービスを展開するという。

❖ スポーツ用品業界動向

　国内スポーツ用品市場は，健康志向によってスポーツへの関心が高まり，微増傾向が続いている。矢野経済研究所によれば，2022年の市場規模は1兆6529億円と見込まれている。

　業界1位のアシックスは，シューズメーカーとしてスタートし，スポーツシューズに強みを持っていたことから，経営資源の大半をランニングシューズに集中させ，業績を好転させている。広告塔となる選手を設けず，世界各地のマラソン大会のスポンサーとなり，市民ランナーへ向けてブランドを訴求。この地道な販促は，ロンドン，ボストン，東京など世界の主要なマラソン大会において，2時間台で完走した上級参加者のシューズは，5割以上がアシックスという結果につながっている。一方，業界2位のミズノは，トッププロ選手やチームとの契約を重視し，野球やゴルフなど特定の競技に依存したことで，好調の波に乗り遅れた。しかし近年は，競技重視のマーケティングを転換し，より裾野が広いカジュアル系ブランドとしての訴求を目指している。

●海外に目を向ける各社　アシックスの海外売上高比率は8割

　国内スポーツ大手は，少子高齢化による競技スポーツ市場の縮小を見越して，海外進出にも積極的に取り組んでいる。アシックスは2012年に，子会社のアシックスジャパンを設立して国内事業を移管，本体のアシックスは海外事業を主軸に据えた。「世界5極体制」といったグローバルな体制を敷き，日本以外に，米国，欧州，オセアニア，東アジア地域で幅広く展開したことで，現在では，海外売上高比率が約80％を占めている。業界3位のデザントは，韓国を中心にアジアで売上を伸ばしており，海外売上高比率は53％まで伸びている。2016年には，中国で合弁会社を設立。2018年には，韓国・釜山にシューズの研究開発拠点を新設したほか，米国アトランタに新規子会社を設立して，アスレチックウェアやゴルフウェアの市場競争力を強化する。また，欧米に強い事業基盤を有するワコールと包括的業務提携を締結し，自社の強みのアジアとそれぞれ補完することで，世界展開の加速を図っている。

●ライフスタイル需要が伸びるなか，ミズノはアスレジャーに期待

　アスレジャーとは，アスレチックとレジャーを組み合わせた造語で，エクササイズをするような機能性の高いスポーツウェアで構成されたファッションスタイルのこと。これまでもスポーツミックスといわれる，スポーティなアイテムとフォーマルよりのアイテムを組み合わせるファッションはあったが，アスレジャーはよりスポーツ色が強い。

　2014年以降，ナイキがレディス市場を強化したことでレディースファッションとして火がついた。その後，メンズにも広がり，日本でも取り入れる若者が増えてきている。スポーツ関連企業がレディス市場の開拓を強化する動きは珍しいものではなく，2000年以降，継続して見られる動きといえる。米国では2020年にアスレジャー市場は約1000億ドル（約10兆円）になるとの予測もある。この市場で先行しているのは，ナイキやアディダスといった海外メーカーだが，国内のスポーツメーカーも新たな市場として注目している。

　米国ではアスレチックの傾向が強いが，日本ではカジュアル色の強い傾向が見える。もともとフィットネスクラブやヨガスタジオのなかで着るウェアがメインとなっており，機能性だけでなく，素材や色にもこだわった商品が好まれる。ライフスタイル需要の流れに乗り遅れていたミズノは，2016年から新ブランド「ミズノスポーツスタイル」や「M-LINE」，「WAVE LIMB」を投入し，タウンユース向けのアパレルやシューズを展開して挽回を図っている。2017年には，ナノ・ユニバースやマーガレット・ハウエルとのコラボ商品を発売し，話題を呼んだ。また，2018年には，ファミリー向けファッションブランドのコムサイズム（COMME CA ISM）とのコラボ商品も発売している。機能素材を使い，家族で身体を動かす楽しさを提案する商品群となっており，親子やパートナー同士でのリンクコーデが楽しめる。

　アスレジャーでは，機能性をもつウェアが選ばれるため，アパレル大手のユニクロも機能素材とファッション性を武器に，この市場に参入している。アスレジャーはあくまでファッションのトレンドであるため，当然ながら，ファッション性が求められる。機能性をアピールするだけで注目された競技スポーツ向けとは大きく異なる。スポーツメーカーには，いかに消費者に目を向けさせるか，購買意欲を高めるか，販売網も含めた工夫が求められる。

エンタメ・レジャー業界

直近の業界各社の関連ニュースを
ななめ読みしておこう。

沖縄に大型テーマパーク25年開業　USJ再建の森岡氏主導

ユニバーサル・スタジオ・ジャパン（USJ、大阪市）の再建で知られる森岡毅氏率いるマーケティング会社の刀（同市）は27日、沖縄県で自然体験を軸にした大型テーマパークを2025年に開業すると発表した。

名称は「JUNGLIA（ジャングリア）」。世界自然遺産の森林「やんばる」に近い沖縄本島北部の今帰仁（なきじん）村と名護市にまたがるゴルフ場跡地で23年2月から工事を進めている。面積は60ヘクタールほど。50ヘクタール前後の東京ディズニーランド（TDL、千葉県浦安市）や東京ディズニーシー（TDS、同）、USJを上回る。

刀の最高経営責任者（CEO）の森岡氏は東京都内で開いた記者会見で「沖縄は世界一の観光のポテンシャルがある」と述べた。観光客が旅先での体験価値を最大化できるよう「パワーバカンス」をコンセプトに掲げ、「都会では味わえない本物の興奮と本物のぜいたくを組み合わせた」と語った。

アトラクションは気球に乗り込み眼下のジャングルやサンゴ礁の海を見渡せる遊覧や、装甲車に乗り込んで肉食恐竜から逃げるスリルを楽しめるサファリライドといった「人間の本能を貫通する」（森岡氏）体験を提供する。森林に囲まれたスパやレストランなど静かな時間を過ごせる空間も用意する。

空路で4～5時間ほどの圏内に20億人超の市場を抱える地の利を生かし、伸び代が大きいインバウンド（訪日外国人）も呼び寄せる。

（2023年11月27日　日本経済新聞）

個人消費、レジャー下支え　コンサートは15%増

レジャー消費が個人消費を下支えしている。2023年の映画の興行収入は歴代

3位のペースで推移し、音楽チケットの販売は新型コロナウイルス禍前の18年度を上回る。国内旅行も堅調だ。新型コロナの感染症法上の分類が「5類」に移行してまもなく半年。相次ぐ値上げで食品の支出が落ち込むなかで、レジャー関連の強さが目立っている。

チケット販売大手のぴあによると、23年4〜8月の音楽チケットの販売枚数はコロナ前の18年同期比約15%増となった。「アリーナの開業が相次ぎ、大規模公演が増えていることも好材料となっている」(同社)

映画も好調だ。日本映画製作者連盟によると、23年1〜8月の配給大手12社の興収は前年同期比12.8%増の1442億円だった。同期間としては歴代3位の水準だ。「ザ・スーパーマリオブラザーズ・ムービー」といったヒット作に恵まれたこともあり、「コロナ前にほぼ戻った」(同連盟)。

国内旅行は一段と回復している。東海道新幹線の10月の利用者数は11日時点で、18年同期比96%で推移する。土休日に限れば同100%だ。88%だった8月全体よりも高水準だ。西武・プリンスホテルズワールドワイドの10月の室料収入(一部施設)は18年同月比で約1.4倍の見通しだ。

日本生産性本部(東京・千代田)が26日公表した「レジャー白書」によると、レジャー産業の22年の市場規模は前の年に比べ12.7%増の62兆8230億円だった。コロナ禍の20年に55兆2040億円まで落ち込んだが着実に回復し、18年比では9割弱の水準まで回復した。「23年はコロナ前の水準(約70兆円)に近づくだろう」(日本生産性本部)

総務省の家計調査によると、2人以上の世帯の消費支出は実質ベースで8月まで6カ月連続で前年同月を下回った。一方で、ツアーなどのパック旅行支出は同53.7%増(推計)と21カ月連続で増加。物価高で食品への支出が抑えられているのと対照的に、消費者のレジャーへの支出意欲は高い。ゴルフ場運営のリソルホールディングスでは4〜9月の客単価が19年同期に比べて2割弱上昇した。

(2023年10月26日　日本経済新聞)

ゲーム開発に生成AI　コスト3分の1で、著作権侵害懸念も

ゲーム業界に生成AI(人工知能)の波が押し寄せている。人材や資金に限りがあるゲーム制作のスタートアップでは、シナリオ構成やキャラクターデザインなどでフル活用し、開発コストを従来の3分の1に抑える企業もある。ただ、生成AIが生み出したコンテンツが著作権を侵害する懸念もあり、ゲーム大手は

導入に慎重だ。

「どの部分で生成AIを使っているんですか」。現在開催中の世界最大級のゲーム見本市「東京ゲームショウ（TGS）2023」の会場で、開発スタッフわずか4人のスタートアップ、AI Frog Interactive（東京・目黒）のブースに並ぶゲームが注目を集めた。

フィールドを歩き回る一見普通のゲームだが、キャラクターのデザイン案に画像生成AIを使い、シナリオ案を出したりキャラクターを動かすコードを書いたりするのには対話型AIを活用した。新清士最高経営責任者（CEO）は「開発コストと期間が3分の1で済むため、同じ予算でより凝ったものを早くつくれる」と話す。

AIはあくまで案を出す役で、最終的には人の手を入れる。回答が不完全なものが多いうえ、実在する作品と酷似するといった著作権侵害のリスクを減らすためだ。新氏は数年後にはゲーム業界で生成AIの利用が当たり前になるとみており、「大手が本腰を入れる前に実用化してリードしておきたい」と話す。

近年、大型ゲームの開発費用は100億円を超えることも多く、完成まで5年ほどかかるケースもある。技術の進歩でビジュアルなども高度になり作業が大幅に増加したからだ。生成AIを使えば、経営資源が乏しいスタートアップも大型ゲームに匹敵する作品を生み出せる可能性がある。

ゲーム向けAIを開発するモリカトロン（東京・新宿）は7月、生成AIで制作したミステリーゲーム「Red Ram」を発表した。ユーザーがゲーム内で入力した設定などをもとに、シナリオ構成やキャラクター、背景画像などを生成AIが創作する。3人のエンジニアで制作にかかった期間は約3カ月。従来に比べて工数を約4割削減できたという。

東京ゲームショウでは生成AIをテーマにした対談も開催された。サイバーエージェント傘下のCygamesは、ゲーム内の不具合を自動で検知する活用事例を披露。将来は生成AIと人がどう役割分担すべきかなどを議論した。

もっとも、生成AIの活用に慎重な企業は大手を中心に多い。対談に登壇したスクウェア・エニックスAI部の三宅陽一郎氏は「外注先などとの摩擦が少ない小規模開発の現場では導入が早いだろう」と指摘。バンダイナムコスタジオの長谷洋平氏は校閲システムなどで生成AIの技術を使っていると明かしたうえで「著作権などのリスクに対して議論があり、それらを無視して活用できない」と語った。

あるゲーム国内大手の幹部は「各社が互いの出方を見ている段階だ」と話す。海外ではゲームに生成AIを組み込んでいることを理由に大手プラットフォーム

での配信を拒否されたとする事例も報告された。生成AIがつくったものが著作権を侵害することを懸念した動きとみられる。

データ・AI法務が専門のSTORIA法律事務所の柿沼太一弁護士は、著作権侵害などのリスクを回避するため「学習したデータと比較して不適切なものが生成されないような技術的な仕組みなどが必要だ」と指摘する。

（2023年9月22日　日本経済新聞）

東京ゲームショウ開幕　携帯型ブーム再来、ASUSなど

21日開幕した世界最大級のゲーム見本市「東京ゲームショウ（TGS）2023」では、台湾の華碩電脳（エイスース、ASUS）などが出展した携帯ゲーム機が話題を集めた。人気のオンラインゲームを外出先でも楽しめる。据え置き型を展開するソニーグループの戦略にも影響を及ぼしている。

会場の幕張メッセ（千葉市）では開場前に1300人以上の長蛇の列ができ、英語のほか中国語、韓国語が多く聞こえた。開場後、ゲームが試せるブースの中には一時30分待ちとなる列もあった。

ゲームショウの主役は通常、各社が競って披露するゲームソフトだ。今回は1700点以上が出展された。ただ、今年は最新のゲーム用パソコン（PC）などハード機器を展示するコーナーが初めて登場した。操作の反応が早いなど、ゲーム体験の満足感を左右するような高い性能をうたうゲーム機が並ぶ。米デル・テクノロジーズや米インテルもPCゲーム端末を出展し、中国スタートアップによる携帯ゲーム機も目立った。

国内大手ゲーム会社ではバンダイナムコエンターテインメントやスクウェア・エニックス、セガなどが出展し、話題のゲームにちなんだ展示や試遊を行った。海外からは中国ゲームの網易（ネットイース）のゲーム部門も初出展した。

会場で特に注目を集めたのが、ASUSの携帯ゲーム機「ROG Ally（アールオージーエイライ）」だ。任天堂の「ニンテンドースイッチ」より一回り大きく、7インチ液晶の左右にあるコントローラーを操作して遊ぶ。上位機種の価格は約11万円と値は張るが「6月の発売後、想定の3倍を既に出荷している」（ASUS）という。同ゲーム機は米マイクロソフトのPC向け基本ソフト（OS）「ウィンドウズ11」や高性能半導体を搭載し、デスクトップ型PC並みの性能を誇る。

中国レノボ・グループは今回のゲームショウに出展しなかった初の携帯ゲーム機「レノボ・レギオン・ゴー」を近く発売する。ASUSより大きい8.8インチの液晶

を搭載。ゲーム画面を美しく表示する性能が高い。

ASUS製もレノボ製も外出先で遊べる手軽さとともに、ハードとしての高い性能も売りとし、スマートフォンのゲームでは物足りないと感じるユーザーらも取り込む狙いだ。ASUSの日本法人、ASUSJAPANのデイビッド・チュー統括部長はROG Allyについて「(ゲームの) プラットフォームを超えて遊べる。今後も色々なゲームで検証したい」と話す。

ASUSのゲーム機で遊んだ都内から来た18歳の男性は「画面描写がきれいで驚いた。自宅では『プレイステーション (PS) 5』で遊んでいるが、携帯型ゲームに興味がわいた」と話した。

ソニーGも21日、自宅にあるPS5のゲームを外出先からスマホ「Xperia (エクスペリア)」上で遊べる技術を披露した。11月にはPS5をWi-Fiでつなぎ、家の別の部屋などで遊べる新しいリモート端末を発売する。

ソニーGにとって、据え置き型のPS5が主力ゲーム機との位置づけは変わらない。ただ、携帯型のような楽しみ方を加えることでユーザーを逃さないよう手を打つ。

ゲーム機の歴史をたどれば、これまでも携帯型が人気だった時代がある。任天堂はファミコンに続いて1980年代末〜2000年代前半まで「ゲームボーイ」で市場を席巻した。現在も持ち運びできる「ニンテンドースイッチ」を販売している。

ソニーGも04年に発売した「プレイステーション・ポータブル (PSP)」など携帯ゲーム機を主力製品と位置づけていたことがあった。いずれもこれらの専用ゲーム機でしか遊べない「看板ソフト」があった。

今回再来した携帯型のブームが従来と異なるのは、1つのソフトを様々なハードで楽しめる「ゲームの汎用化」という大きな流れが背景にあることだ。ASUSやレノボの携帯ゲーム機は、持ち運びできる特徴に加え、1台でPCやスマホ向けのゲームも楽しめる点でスイッチなど専用機とは違う。

2026年の世界ゲーム市場は22年比で約14%増の2490億ドル (約37兆円)に成長する見通し。20〜26年の年平均成長率ではモバイル(3.3%)やPC(1.3%)に比べ、専用機は0.6%と小幅にとどまりそうだ。

専用機が頭打ちの中、関心が集まるのがマイクロソフトの動向だ。同社は「Xbox (エックスボックス)」を展開するが、PCやスマホ向けゲームにも注力し、専用機にはこだわらない戦略はソニーGや任天堂のそれとは異なる。

ゲーム業界に詳しい東洋証券の安田秀樹アナリストは「マイクロソフトは成長するPCゲームを取り込もうとしている」と指摘する。遊ぶ場所もハードも選ばないゲームへのニーズは、ゲーム大手も無視できないほど高まりつつある。

（2022年1月18日　日本経済新聞）

VTuberを株式セミナーに　東洋証券が若年層開拓

東洋証券は株式セミナーにバーチャルユーチューバー（Ｖチューバー）を活用する取り組みを始めた。Ｖチューバーとも親和性の高いゲーム業界について担当アナリストとＶチューバーが対話しながら業界を解説する。若者から人気のあるＶチューバーとタッグを組み、幅広い層の投資家を開拓したい考えだ。

ゲームセクターを担当する東洋証券の安田秀樹シニアアナリストがＶチューバーと対話しながら、業界環境やゲーム事業のイロハを解説する。

第1回のオンラインセミナーを4月に開き、ソニーグループや任天堂の事業などを説明した。7月にも2回目を開催し、2社の歴史やゲームメーカーの生き残り施策に焦点をあてて解説する予定だ。

証券会社のセミナーだが、あえて株や投資の話はしない構成とした。あくまで今回はゲーム業界に興味を持ってもらうことに主眼を置いた。60代以上が大半を占める既存客向けに、投資テーマを解説してきた従来型の株式セミナーとの違いを明確にした。

Ｖチューバーには「日向猫（ひなたね）めんま」を起用した。従来の株式セミナーは平日の昼間に店舗で開催することが多いが、若年層が視聴しやすい平日の午後8時にオンラインで開催した。第1回セミナーは視聴者の約35％を10〜30代が占めるという異例の結果となった。

「証券会社にしては面白いことを企画するなと思った」「2回目も参加したい」。セミナーの参加者からはそんな声が寄せられた。アンケートでは東洋証券の認知度が良くなったと回答した人が8割を超えた。

「証券会社の堅いイメージを払拭しながら、金融リテラシーの底上げを図りたい」。東洋証券の三浦秀明執行役員はセミナーの狙いをこう話す。さらに「投資とは何か」という広いテーマなどでも、同じＶチューバーを起用したコラボ動画を今後投入していくという。

政府も「貯蓄から投資へ」というスローガンを掲げ、投資優遇制度である少額投資非課税制度（NISA）の充実を進めている。若年層の証券口座開設も増えつつあるが、その余地はまだ大きい。

Ｖチューバーはアニメ調の声と2次元や3次元のキャラクターの動きを重ねたもので、若者を中心に人気がある。2016年に人気キャラ「キズナアイ」が動画投稿サイトのユーチューブで登場したのがきっかけで、国内外に広まった。

中国の調査会社のQYリサーチによると、世界のＶチューバーの市場規模は28

年に174億ドル（約2兆4800億円）を見込む。21年比で10倍超に拡大する見通しだ。

実際にVチューバーを活用した企業広報の裾野は広がっている。サントリーは自社初の公式Vチューバーを手掛け、製品レビューやゲーム実況などを通じて新たなファン層を獲得している。

証券会社のVチューバー活用については、こうした若い潜在顧客からどのように収益化へつなげるかという課題がある。三浦執行役員は「最終的には企業の投資家向け広報（IR）担当者と若い投資家の橋渡しができるような場を作っていきたい」と話す。

最近では株や投資をテーマにしたユーチューバーなどから情報を得る人も多く、若年層にとって金融資産形成の情報を収集するハードルが低くなってきている。若者が株式投資に興味を持つきっかけに、Vチューバーが一役買う可能性は今後も続きそうだ。　　　　　　（2023年7月4日　日本経済新聞）

自動車内のエンタメ、ゲームに熱視線　NVIDIAやソニー

半導体大手の米エヌビディアは自動車にクラウドゲームを導入すると発表した。手始めに韓国現代自動車グループなど3社での搭載を予定する。ソニー・ホンダ連合も米エピックゲームズとの提携を公表した。クルマの電動化や自動運転技術の開発により、車内で過ごす移動時間の過ごし方が注目を集めている。自動車とエンタメ大手の「相乗り」で車内空間のエンターテインメント化が進みそうだ。

「リラックスして楽しめる車内体験を再創造する」。米ラスベガスで開かれたコンシューマー・エレクトロニクス・ショー（CES）で1月3日（現地時間）、エヌビディアのオートモーティブ事業バイスプレジデントを務めるアリ・カニ氏はこう強調した。

クラウドゲームサービス「ジーフォース・ナウ」を自動車にも導入する。まずは、現代自動車グループのほか、中国比亜迪（BYD）やスウェーデンのボルボ・カーズグループのポールスターと搭載を進める。現代自動車は「ヒュンダイ」「キア」などのブランドに搭載し、ポールスターはEV（電気自動車）での活用を進めるという。

翌日にはソニー・ホンダモビリティも車内エンタメで米エピックゲームズとの協業を発表した。水野泰秀会長はエピックを「クルマにおける時間と空間の概念を広げるための重要なパートナー」と持ち上げた。

エピックはゲームや映画を制作するための「アンリアルエンジン」やオンラインゲーム「フォートナイト」を持ち、ゲームの配信プラットフォームも運営する。iPhoneでのゲーム収益を巡っては米アップルと衝突した。クルマのスマホ化を見据え、車内エンタメの覇権取りに手を打ったとみられる。

車内空間へのゲーム配信では米テスラの動きが速い。2022年7月にイーロン・マスク氏がツイッター上で告知した通り、12月に「モデルS」と「モデルX」に米バルブ・コーポレーションのゲーム配信サービス「スチーム」を実装した。独BMWも10月にスイスのNドリームとの提携を発表し、23年からの提供開始を予定する。

エヌビディアやスチームは特定のゲーム機に縛られない環境を整えてきた。PCやモバイルで自由に遊べる仕組みが変革期の自動車産業でも生きている。世界の新車販売台数は21年で8268万台と、年10億台を超えるスマホの出荷台数には遠く及ばないが、家庭用ゲーム機は優に上回る規模だ。富士経済は35年にはEVの新車販売だけで5651万台と予測し、潜在力は大きい。

皮算用通りに進めば、未来の消費者は車内で膨大な時間を持て余す。例えば、EV。日産リーフが積む容量40kWh（キロワット時）の電池を出力3kWで給電するとフル充電に約16時間かかる。一定の走行距離の確保だけでも数十分が必要だ。後部座席の子どもは今も退屈だが、自動運転になれば同乗者すべてが移動時間を持て余す。

エンタメを含むソフトウエアは自動車のビジネスモデルを変える。販売時点で完成品の自動車を作る商売から、販売後の自動車に向けた基本ソフト（OS）更新やエンタメ供給でも稼ぐスマホ型になる。「（ソフトは）顧客に1万ドル以上の価値をもたらし、自動車メーカー側にも新たなソフト収益をもたらす」（エヌビディアのカニ氏）

ゲーム業界も対応を迫られる。ゲームとの接点が家庭用ゲーム機からモバイルに移り変わると、ユーザーが好むゲームソフトも変わった。モビリティーでも車内空間の特徴を生かしたゲームソフトが脚光を集める可能性がある。モバイルで歩きスマホや射幸心をあおる一部の「ガチャ」課金が社会問題になったように、新たな課題が浮上する懸念もある。

一方、家庭用ゲームには台頭するモバイルやPCに劣勢を強いられた過去がある。モビリティーが脚光を浴びる中、業界で存在感が大きいソニー・インタラクティブエンタテインメント（SIE）や米マイクロソフトの動向も注目を集める。

（2023年1月14日　日本経済新聞）

▶ 労働環境

職種：**法人営業**　　年齢・性別：**20代前半・女性**

- 仕事量が多いのは，この業界はどこも同じような気がします。
- お客様都合のため，残業せざるを得ない環境にあるといえます。
- 有休は仕事の兼ね合いで取得が可能ですが，取りにくいです。
- 店舗により雰囲気が全く違うので，働く店舗によると思います。

職種：**経理**　　年齢・性別：**50代前半・男性**

- 社員は30年戦士がほとんどで，和気あいあいとした環境です。
- 逆にいえば若い社員が少ない環境ということです。
- あと10年以内に今のポジションの社員は全員定年になります。
- なんとか綺麗に引き継ぎ出来る環境を整えてほしいと願っています。

職種：**カウンターセールス**　　年齢・性別：**20代前半・女性**

- 仕事はハードですが，繁忙期には波があるので，慣れれば平気です。
- 私のいる部署は残業を良しとしない風潮のため，定時帰社も可能です。
- 部署によっては，遅くまで残業するところもあるようですが。
- お客様都合の仕事のため，特にオンとオフのメリハリが大事です。

職種：**販売・接客・ホールサービス**　　年齢・性別：**20代後半・男性**

- 上司との関係もとても良く，結束力もあり社内の雰囲気も良好です。
- 社員同士の仲も良く，よく皆でご飯や飲みに行くことも。
- 上司は日々アドバイスをくれ，キャリアアップを応援してくれます。
- 教育制度がしっかりしているので，とても安心して働けます。

▶ 福利厚生

職種：ルートセールス　　年齢・性別：30代前半・男性

・旅行関係の特典があるなど，福利厚生はとても充実しています。
・試験制度（国家試験を含む）の費用は会社が負担してくれます。
・ツアー割引や，関係協力機関の特典を受けられます。
・旅行へ行く際は航空機運賃や宿泊施設が割引になります。

職種：経理　　年齢・性別：50代後半・男性

・家族手当はありますが住宅補助はなく，福利厚生は不十分です。
・儲かっている会社なので住宅補助は少しあっても良い気がします。
・食事の補助も全くなく，会社だけが潤っている感じが否めません。
・一時金だけではない手当を充実させていってほしいと思います。

職種：販売・接客・ホールサービス　　年齢・性別：20代前半・男性

・住宅補助はとても充実していると思います。
・とても安く社員寮に入れ，単身赴任の場合も広い寮が与えられます。
・築年数は古めですが，立地や広さなど考えると十分満足な環境です。
・ジョブチャレンジ制度もあり，積極的に新しい仕事に挑戦できます。

職種：ホテルスタッフ　　年齢・性別：20代前半・女性

・一般的な大企業がもつ福利厚生は一通りは揃っていると思います。
・産休，育休や時短など，利用している女性は多くいます。
・子どもが生まれても，働き続けることは可能です。
・残業代は部署によってはつけにくい雰囲気があるのも事実です。

▶仕事のやりがい

職種：個人営業　　年齢・性別：20代後半・男性

- 提案通りにお客様がオーダーしてくださると，やりがいを感じます。
- お客様に対して何をどう提案すれば満足していただけるか考えます。
- 日頃から新聞やニュースを見て，アンテナを張ることも重要です。
- 努力が結果となって見えやすいので，やる気につながります。

職種：法人営業　　年齢・性別：20代前半・女性

- 誰かと競うのが好きな方にはやりがいがあり，楽しいと思います。
- 社内，他社，営業所で競い合うことができる体育会系の社風です。
- 成績が良いと研修旅行へ行けるため，モチベーションが上がります。
- 希望すれば海外支店への移動もでき，自分の可能性が広がります。

職種：経理　　年齢・性別：20代後半・女性

- 男女の区別は全くなく，結果が全てなのでやりがいがあります。
- まじめに仕事に取り組み，結果を出せば公平に評価される環境です。
- 社内公募制度があり，成績次第で挑戦したい部署へ異動も可能です。
- 私は支店勤務でしたが，営業成績を出し本社への異動を叶えました。

職種：販売・接客・ホールサービス　　年齢・性別：20代後半・男性

- 若手でも部署によってはかなりの裁量を任されます。
- 自由度も高く，自分で仕事を進めたい人には向いていると思います。
- 日本だけでなく世界への発信力も大きいため，刺激があります。
- マニュアル，研修が充実しているため，自身の成長を感じられます。

▶ ブラック？ホワイト？

職種：旅行サービス関連　　年齢・性別：20代後半・女性

・毎日23時まで残業しているにも関わらず給料は少ないです。
・勤続年数が長くても，あまり給料はアップしないようです。
・ボーナスは出ない年もあり，クレジットのボーナス払いは危険です。
・退職金もこれまたほとんどないに等しいので，期待はできません。

職種：個人営業　　年齢・性別：20代後半・女性

・月に100時間を超える残業をしてもほとんど手当はつきません。
・ノルマ達成は当たり前ですが，それ以上に高い成績を求められます。
・安い商品ばかり販売しても，売上にならず給料に反映されません。
・社歴が長くても給料は上がらず，社内結婚した方はほぼ共働きです。

職種：法人営業　　年齢・性別：30代後半・男性

・昇進試験は適正試験と面接で決まりますが，評価規準が曖昧です。
・支店長の推薦（押し）と営業本部長の気持ちで変わるようです。
・実力があっても認められず，ゴマスリがはびこる歪んだ人事制度。
・どのラインにつくかで支店長や，営業本部に入れるかが決まります。

職種：旅行サービス関連　　年齢・性別：20代後半・女性

・基本給は低く，残業代はみなしで40時間までしか支払われません。
・年に2回の賞与はしっかりありましたが，微々たるものでした。
・仕事上では取った数字で評価されますが，給料は売り上げベース。
・数字的には目標達成でも給料が低い，なんてことはザラです。

▶ 女性の働きやすさ

職種：アミューズメント関連職　　年齢・性別：20代後半・男性

・産休も取れ，女性にとってはかなり働きやすい職場だと思います。
・妊娠中はデスクワーク主体の部署に異動することも可能です。
・出産後落ち着いたら，元の職場に戻ることができます。
・周りの方々も配慮してくれるので，気兼ねなく休むこともできます。

職種：アミューズメント関連職　　年齢・性別：20代後半・男性

・産休はもちろん申請できますし，申請しやすい環境です。
・出産後は自分で復帰のタイミングが決められます。
・出産後に復帰して，時短勤務で仕事を続ける女性は多くいます。
・休暇は申請すればほぼ取得できます。

職種：販売・接客・ホールサービス　　年齢・性別：30代後半・女性

・従業員に女性が多いこともあり女性が働きやすい会社だと思います。
・産休なども取得しやすく，職場復帰も問題なくできています。
・これまでに同僚が5名ほど産休を取得し，無事復帰してきました。
・女性のキャリアパスについてもだいぶ整ってきていると思います。

職種：販売・接客・ホールサービス　　年齢・性別：30代後半・男性

・産休や育休などの制度も整っており，女性は働きやすいと思います。
・産前産後，育児休暇などは申請すれば必ず取得できます。
・出産ギリギリまで働いて，産後落ち着いてから復帰する方もいます。
・妊娠が発覚した時点で体に負担のない仕事内容に変更されることも。

▶ 今後の展望

職種：法人営業　　年齢・性別：30代後半・男性

・ 時代遅れの戦略や使いづらいシステム導入など無駄が多いため，今後，東京本社主導で事業の再建が進められると思われます。
・ ビジネスモデルが崩壊しているのに今だ営業スタイルを変えません。
・ 今後業績は向上すると思いますが，給与は下がっていくでしょう。

職種：経理　　年齢・性別：50代後半・男性

・ 年功序列を廃し，成果主義が導入されています。
・ 成果主義が向かないポジションもあるため評価が難しい場合も。
・ 現在若い社員の給料が思ったほど上がっていないのも問題です。
・ 今後，思い切った人事制度改革が迫られると思います。

職種：経理　　年齢・性別：50代後半・男性

・ 有給休暇は取りやすく，女性が働きがいのある部門もあります。
・ 結婚，出産，育児にはまだ厳しい環境だといえます。
・ 男女雇用均等法は会社には好都合ですが女性には厳しい制度です。
・ 労働条件については，きめ細やかに整備されることが期待されます。

職種：経理　　年齢・性別：50代後半・男性

・ 設立当初は健康保険組合もなく，長時間労働も当たり前でしたが，4つの理念を掲げながら，上場後も躍進に躍進を重ねてきました。
・ 震災時にも自社の理念を実践するスタッフの姿に感慨一入でした。
・ 教育システムの徹底により，更なる飛躍が可能だと感じています。

エンタメ・レジャー業界　国内企業リスト （一部抜粋）

会社名	本社住所
株式会社西武ホールディングス	埼玉県所沢市くすのき台一丁目 11 番地の 1
株式会社第一興商	東京都品川区北品川 5-5-26
リゾートトラスト株式会社	名古屋市中区東桜 2-18-31
株式会社アコーディア・ゴルフ	東京都渋谷区渋谷 2 丁目 15 番 1 号
株式会社ラウンドワン	大阪府堺市堺区戎島町四丁 45 番地 1 堺駅前ポルタスセンタービル
株式会社東京ドーム	東京都文京区後楽 1 丁目 3 番 61 号
PGM ホールディングス株式会社	東京都港区高輪一丁目 3 番 13 号 NBF 高輪ビル
株式会社サンリオ	東京都品川区大崎 1-11-1 ゲートシティ大崎（ウエストタワー 14F）
東急不動産株式会社	東京都渋谷区道玄坂 1-21-2
常磐興産株式会社	福島県いわき市常磐藤原町蕨平 50 番地
シダックス株式会社	東京都渋谷区神南一丁目 12 番 13 号
株式会社イオンファンタジー	千葉県千葉市美浜区中瀬 1 丁目 5 番地 1
株式会社コシダカ ホールディングス	群馬県前橋市大友町一丁目 5-1
株式会社 AOKI ホールディングス	横浜市都筑区茅ヶ崎中央 24 番 1 号
株式会社東急レクリエーション	東京都渋谷区桜丘町 2 番 9 号 カスヤビル 6 階 7 階
富士急行株式会社	山梨県富士吉田市新西原 5 丁目 2 番 1 号
リゾートソリューション株式会社	東京都新宿区西新宿 6 丁目 24 番 1 号 西新宿三井ビルディング 12 階
アドアーズ株式会社	東京都港区虎ノ門 1 丁目 7 番 12 号 虎ノ門ファーストガーデン 9F
株式会社よみうりランド	東京都稲城市矢野口 4015 番地 1
東京都競馬株式会社	東京都大田区大森北一丁目 6 番 8 号
株式会社明治座	東京都中央区日本橋浜町 2-31-1

会社名	本社住所
株式会社ゲオディノス	北海道札幌市中央区南３条西１丁目８番地
遠州鉄道株式会社	浜松市中区旭町 12-1
藤田観光株式会社	東京都文京区関口 2-10-8
株式会社極楽湯	東京都千代田区麹町二丁目４番地 麹町鶴屋八幡ビル６階
株式会社鉄人化計画	東京都目黒区八雲一丁目４番６号
株式会社ウチヤマ ホールディングス	北九州市小倉北区熊本２丁目 10 番 10 号 内山第 20 ビル 1F
株式会社ランシステム	東京都豊島区池袋２丁目 43-1　池袋青柳ビル 3F
グリーンランドリゾート株式会社	熊本県荒尾市下井手 1616
名古屋競馬株式会社	愛知県名古屋市緑区大将ヶ根一丁目 2818 番地
株式会社御園座	名古屋市中区栄一丁目 10 番５号
株式会社メディアクリエイト	静岡県沼津市筒井町 4-2
株式会社 A.C ホールディングス	東京都港区芝大門一丁目２番１号　大門 KS ビル
株式会社横浜スタジアム	横浜市中区横浜公園
ソーシャル・エコロジー・ プロジェクト株式会社	東京都港区南青山 1-11-45
朝日観光株式会社	長野県塩尻市広丘野村 1610-4
株式会社大阪国際会議場	大阪市北区中之島５丁目３番 51 号
北陸観光開発株式会社	石川県加賀市新保町ト１－１
株式会社歌舞伎座	東京都中央区銀座四丁目 12 番 15 号
株式会社明智ゴルフ倶楽部	岐阜県恵那市明智町吉良見 980-2
株式会社山田クラブ 21	東京都渋谷区渋谷２丁目 10 番６号
株式会社千葉カントリー倶楽部	千葉県野田市蕃昌 4
株式会社宍戸国際ゴルフ倶楽部	東京都港区虎ノ門３丁目７番７号

会社名	本社住所
株式会社可児ゴルフ倶楽部	可児市久々利向平 221-2
株式会社房総カントリークラブ	千葉県長生郡睦沢町妙楽寺字直沢 2300 番地
株式会社武蔵カントリー倶楽部	埼玉県入間市大字小谷田 961
三和プランニング株式会社	東京都中央区日本橋 2-8-6 SHIMA 日本橋ビル 7 階
株式会社花屋敷ゴルフ倶楽部	兵庫県三木市吉川町上荒川字松ケ浦 713 － 1
株式会社大利根カントリー倶楽部	茨城県坂東市下出島 10
株式会社セントクリーク ゴルフクラブ	愛知県豊田市月原町黒木 1-1
株式会社中山カントリークラブ	東京都千代田区神田錦町 3 丁目 13 番地 7
株式会社日高カントリー倶楽部	埼玉県日高市高萩 1203
株式会社東松山カントリークラブ	埼玉県東松山市大谷 1111
株式会社エイチ・アイ・エス	東京都新宿区西新宿 6-8-1 新宿オークタワー 29 階
株式会社農協観光	東京都千代田区外神田一丁目 16 番 8 号 N ツアービル
株式会社ユーラシア旅行社	東京都千代田区平河町 2-7-4 砂防会館別館 4F
株式会社一休	東京都港区赤坂 3-3-3 住友生命赤坂ビル 8F
株式会社ニッコウトラベル	東京都中央区京橋 1-1-1 八重洲ダイビル 2 階
東京テアトル株式会社	東京都中央区銀座 1-16-1
株式会社創通	東京都港区浜松町 2-4-1 世界貿易センタービル 26F
株式会社オーエス	大阪市西成区南津守 6 丁目 5 番 53 号 オーエス大阪ビル
中日本興業株式会社	名古屋市中村区名駅四丁目 7 番 1 号 ミッドランドスクエア 15F
株式会社きんえい	大阪市阿倍野区阿倍野筋 1 丁目 5 番 1 号
株式会社東京楽天地	東京都墨田区江東橋 4-27-14
スバル興業株式会社	東京都千代田区有楽町一丁目 10 番 1 号

会社名	本社住所
静活株式会社	静岡県静岡市葵区七間町 8 番地の 20 毎日江崎ビル 5F
武蔵野興業 株式会社	東京都新宿区新宿三丁目 27 番 10 号
株式会社東京臨海 ホールディングス	東京都江東区青海二丁目 5 番 10 号
株式会社東京国際フォーラム	東京都千代田区丸の内三丁目 5 番 1 号 東京国際フォーラム 11 階
株式会社クリエイティブマン プロダクション	渋谷区神宮前 6-19-20 第 15 荒井ビル 8F
ソワード株式会社	鹿児島市西千石町 14-10-101
清水興業 株式会社	広島県広島市南区的場町二丁目 1 番 15 号 清水観光ビル
株式会社ムーヴ	大阪市中央区淡路町 4-5-4　京音ビル 3 階
株式会社キョードー東北	宮城県仙台市青葉区一番町 4-6-1 仙台第一生命タワービルディング 16F
株式会社キョードー東京	東京都港区北青山 3-6-18 共同ビル
株式会社キョードー大阪	大阪市北区中之島 2-3-18 中之島フェスティバルタワー 3F
株式会社キョードー西日本	福岡市中央区天神 2-8-41　福岡朝日会館 8F
株式会社キョードー横浜	神奈川県横浜市中区本町 4 丁目 40
株式会社キョードー北陸	新潟県新潟市中央区天神 1 丁目 12-8 LEXN B 7 階
株式会社キョードー東海	名古屋市中区錦 3-15-15 CTV 錦ビル 7F
株式会社キョードー札幌	札幌市中央区大通西 7 丁目ダイヤビル 10 階
株式会社 テツ コーポレーション	名古屋市東区葵一丁目 7-17
株式会社宮地商会	東京都千代田区神田小川町 1-4
協愛株式会社	大阪市北区西天満 3 丁目 8 番 20 号　協愛ビル
株式会社エスエルディー	東京都渋谷区桜丘町 22-14 NES ビル N 棟 1F
株式会社遊楽	埼玉県さいたま市浦和区高砂 2-8-16
サントリーパブリシティサービス 株式会社	東京都千代田区永田町 2-13-5 赤坂エイトワンビル 3F

会社名	本社住所
株式会社ビーコム	神奈川県横浜市中区羽衣町 1 丁目 1 番 1 号
株式会社タツミコーポレーション	兵庫県明石市松の内 2 丁目 3-9 親和ビル 5F
株式会社延田エンタープライズ	大阪市中央区心斎橋筋 2-1-6
株式会社太陽グループ	札幌市中央区南 1 条西 4 丁目 4 番地 1
株式会社キャスブレーン	神奈川県横浜市鶴見区鶴見中央 3-4-25
株式会社パラッツォ 東京プラザグループ	東京都新宿区西新宿 6 丁目 8 番 1 号
株式会社マルハン	京都市上京区出町今出川上る青龍町 231
株式会社コンチェルト	東京都豊島区東池袋 3-1-1　サンシャイン 60　37F
株式会社ウエルネスサプライ	大阪市西区北堀江 2 丁目 1 番 11 号 久我ビル北館 9F
株式会社オーエンス	東京都中央区築地 4-1-17　銀座大野ビル 9F
株式会社札幌ドーム	札幌市豊平区羊ケ丘 1 番地（札幌ドーム内）
株式会社ナゴヤドーム	名古屋市東区大幸南一丁目 1 番 1 号
株式会社 大阪シティドーム	大阪市西区千代崎 3 丁目中 2 番 1 号
神戸ウイングスタジアム株式会社	神戸市兵庫区御崎町 1 丁目 2 番地 2
株式会社ダイナム	東京都荒川区西日暮里 2-27-5
株式会社ガイア	東京都中央区日本橋横山町 7-18
長島商事株式会社	鹿児島市与次郎一丁目 6 番 14 号

第3章

就職活動のはじめかた

入りたい会社は決まった。しかし「就職活動とはそもそも何をしていいのかわからない」「どんな流れで進むかわからない」という声は意外と多い。ここでは就職活動の一般的な流れや内容，対策について解説していく。

▶就職活動のスケジュール

3月	**4**月	**6**月

就職活動スタート

2025年卒の就活スケジュールは,経団連と政府を中心に議論され,2024年卒の採用選考スケジュールから概ね変更なしとされている。

エントリー受付・提出

企業の説明会には積極的に参加しよう。独自の企業研究だけでは見えてこなかった新たな情報を得る機会であるとともに,モチベーションアップにもつながる。また,説明会に参加した者だけに配布する資料などもある。

OB・OG訪問

合同企業説明会　　**個別企業説明会**

筆記試験・面接試験等始まる(3月～)

内々定(大手企業)

2月末までにやっておきたいこと

就職活動が本格化する前に,以下のことに取り組んでおこう。
◎自己分析　◎インターンシップ　◎筆記試験対策
◎業界研究・企業研究　◎学内就職ガイダンス

自分が本当にやりたいことはなにか,自分の能力を最大限に活かせる会社はどこか。自己分析と企業研究を重ね,それを文章などにして明確にしておき,面接時に最大限に活用できるようにしておこう。

月 | **8**月 | **10**月

中小企業採用本格化

内定者の数が採用予定数に満たない企業，1年を通して採用を継続している企業，夏休み以降に採用活動を実施企業（後期採用）は採用活動を継続して行っている。大企業でも後期採用を行っていることもあるので，企業から内定が出ても，納得がいかなければ継続して就職活動を行うこともある。

中小企業の採用が本格化するのは大手企業より少し遅いこの時期から。HPなどで採用情報をつかむとともに，企業研究も怠らないようにしよう。

内々定とは10月1日以前に通知（電話等）されるもの。内定に関しては現在協定があり，10月1日以降に文書等にて通知される。

内々定（中小企業）

内定式（10月〜）

どんな人物が求められる？

多くの企業は，常識やコミュニケーション能力があり，社会のできごとに高い関心を持っている人物を求めている。これは「会社の一員として将来の企業発展に寄与してくれるか」という視点に基づく，もっとも普遍的な選考基準だ。もちろん，「自社の志望を真剣に考えているか」「自社の製品，サービスにどれだけの関心を向けているか」という熱意の部分も重要な要素になる。

就活ロールプレイ！

理論編
STEP 1　就職活動のスタート

内定までの道のりは，大きく分けると以下のようになる。

自 己 分 析

企 業 研 究

エントリーシート・筆記試験・面接

内 　 定

01 まず自己分析からスタート

　就職活動とは，「企業に自分をPRすること」。自分自身の興味，価値観に加えて，強み・能力という要素が加わって，初めて企業側に「自分が働いたら，こういうポイントで貢献できる」と自分自身を売り込むことができるようになる。

■自分の来た道を振り返る

　自己分析をするための第一歩は，「振り返ってみる」こと。

　小学校，中学校など自分のいた"場"ごとに何をしたか（部活動など），何を学んだか，交友関係はどうだったか，興味のあったこと，覚えている印象的なことを書き出してみよう。

■テストを受けてみる

　"自分では気がついていない能力"を客観的に検査してもらうことで，自分に向いている職種が見えてくる。下記の5種類が代表的なものだ。

①職業適性検査　②知能検査　③性格検査
④職業興味検査　⑤創造性検査

■先輩や専門家に相談してみる

　就職活動をするうえでは，"いかに他人に自分のことをわかってもらうか"が重要なポイント。他者の視点で自分を分析してもらうことで，より客観的な視点で自己PRができるようになる。

自己分析の流れ

❑過去の経験を書いてみる

❑現在の自己イメージを明確にする…行動，考え方，好きなものなど。

❑他人から見た自分を明確にする

❑将来の自分を明確にしてみる…どのような生活をおくっていたいか。期待，夢，願望。なりたい自分はどういうものか，掘り下げて考える。→自己分析結果を，志望動機につなげていく。

01 企業の絞り込み

　志望企業の絞り込みについての考え方は大きく分けて2つある。

　第1は，同一業種の中で1次候補，2次候補……と絞り込んでいく方法。

　第2は，業種を1次，2次，3次候補と変えながら，それぞれに2社程度ずつ絞り込んでいく方法。

　第1の方法では，志望する同一業種の中で，一流企業，中堅企業，中小企業，縁故などがある歯止めの会社……というふうに絞り込んでいく。

　第2の方法では，自分が最も望んでいる業種，将来好きになれそうな業種，発展性のある業種，安定性のある業種，現在好況な業種……というふうに区別して，それぞれに適当な会社を絞り込んでいく。

02 情報の収集場所

・キャリアセンター

・新聞

・インターネット

・企業情報

『就職四季報』（東洋経済新報社刊），『日経会社情報』（日本経済新聞社刊）などの企業情報。この種の資料は本来"株式市場"についての資料だが，その時期の景気動向を含めた情報を仕入れることができる。

・経済雑誌

『ダイヤモンド』（ダイヤモンド社刊）や『東洋経済』（東洋経済新報社刊），『エコノミスト』（毎日新聞出版刊）など。

・OB・OG／社会人

①成長力

　まず"売上高"。次に資本力の問題や利益率などの比率。いくら資本金があっても，それを上回る膨大な借金を抱えていて，いくら稼いでも利払いに追われまくるようでは，成長できないし，安定できない。

　成長力を見るには自己資本率を割り出してみる。自己資本を総資本で割って100を掛けると自己資本率がパーセントで出てくる。自己資本の比率が高いほうが成長力もあり安定度も高い。

　利益率は純利益を売上高で割って100を掛ける。利益率が高ければ，企業はどんどん成長するし，社員の待遇も上昇する。利益率が低いということは，仕事がどんなに忙しくても利益にはつながらないということになる。

②技術力

　技術力は，短期的な見方と長期的な展望が必要になってくる。研究部門が適切な規模か，大学など企業外の研究部門との連絡があるか，先端技術の分野で開発を続けているかどうかなど。

③経営者と経営形態

　会社が将来，どのような発展をするか，または衰退するかは経営者の経営哲学，経営方針によるところが大きい。社長の経歴を知ることも必要。創始者の息子，孫といった親族が社長をしているのか，サラリーマン社長か，官庁などからの天下りかということも大切なチェックポイント。

④社風

　社風というのは先輩社員から後輩社員に伝えられ，教えられるもの。社風もいろいろな面から必ずチェックしよう。

⑤安定性

　企業が成長しているか，安定しているかということは車の両輪。どちらか片方の回転が遅くなっても企業はバランスを失う。安定し，しかも成長する。これが企業として最も理想とするところ。

⑥待遇

　初任給だけを考えてみても，それが手取りなのか，基本給なのか。基本給というのはボーナスから退職金，定期昇給の金額にまで響いてくる。また，待遇というのは給与ばかりではなく，福利厚生施設でも大きな差が出てくる。

■そのほかの会社比較の基準

1. ゆとり度

　休暇制度は，企業によって独自のものを設定しているところもある。「長期休暇制度」といったものなどの制定状況と，また実際に取得できているかどうかも調べたい。

2. 独身寮や住宅設備

　最近では，社宅は廃止し，住宅手当を多く出すという流れもある。寮や社宅についての福利厚生は調べておく。

3. オフィス環境

　会社に根づいた慣習や社員に対する考え方が，意外にオフィスの設備やレイアウトに表れている場合がある。

　たとえば，個人の専有スペースの広さや区切り方，パソコンなどOA機器の設置状況，上司と部下の机の配置など，会社によってずいぶん違うもの。玄関ロビーや受付の様子を観察するだけでも，会社ごとのカラーや特徴がどこかに見えてくる。

4. 勤務地

　転勤はイヤ，どうしても特定の地域で生活していきたい。そんな声に応えて，最近は流通業などを中心に，勤務地限定の雇用制度を取り入れる企業も増えている。

---

column　初任給では分からない本当の給与

　会社の給与水準には「初任給」「平均給与」「平均ボーナス」「モデル給与」など，判断材料となるいくつかのデータがある。これらのデータからその会社の給料の優劣を判断するのは非常に難しい。

　たとえば中小企業の中には，初任給が飛び抜けて高い会社がときどきある。しかしその後の昇給率は大きくないのがほとんど。

　一方，大手企業の初任給は業種間や企業間の差が小さく，ほとんど横並びと言っていい。そこで，「平均給与」や「平均ボーナス」などで将来の予測をするわけだが，これは一応の目安とはなるが，個人差があるので正確とは言えない。

■決定版「就職ノート」はこう作る

1冊にすべて書き込みたいという人には，ルーズリーフ形式のノートがお勧め。会社研究，スケジュール，時事用語，OB／OG訪問，切り抜きなどの項目を作りインデックスをつける。

カレンダー，説明会，試験などのスケジュール表を貼り，とくに会社別の説明会，面談，書類提出，試験の日程がひと目で分かる表なども作っておく。そして見開き2ページで1社を載せ，左ページに企業研究，右ページには志望理由，自己PRなどを整理する。

就職ノートの主なチェック項目

❏企業研究…資本金，業務内容，従業員数など基礎的な会社概要から，過去の採用状況，業務報告などのデータ

❏採用試験メモ…日程，条件，提出書類，採用方法，試験の傾向など

❏店舗・営業所見学メモ…流通関係，銀行などの場合は，客として訪問し，商品（値段，使用価値，ユーザーへの配慮），店員（接客態度，商品知識，熱意，親切度），店舗（ショーケース，陳列の工夫，店内の清潔さ）などの面をチェック

❏OB／OG訪問メモ…OB／OGの名前，連絡先，訪問日時，面談場所，質疑応答のポイント，印象など

❏会社訪問メモ…連絡先，人事担当者名，会社までの交通機関，最寄り駅からの地図，訪問のときに得た情報や印象，訪問にいたるまでの経過も記入

　「OB／OG訪問」は，実際は採用予備選考開始。まず，OB／OG訪問を希望したら，大学のキャリアセンター，教授などの紹介で，志望企業に勤める先輩の手がかりをつかむ。もちろん直接電話なり手紙で，自分の意向を会社側に伝えてもいい。自分の在籍大学，学部をはっきり言って，「先輩を紹介していただけないでしょうか」と依頼しよう。

> **参考** 　　　OB／OG訪問時の質問リスト例
>
> ●**採用について**
> ・成績と面接の比重　　　　　　・評価のポイント
> ・採用までのプロセス（日程）　・筆記試験の傾向と対策
> ・面接は何回あるか　　　　　　・コネの効力はどうか
> ・面接で質問される事項　etc.
>
> ●**仕事について**
> ・内容（入社10年, 20年のOB/OG）　・新入社員の仕事
> ・希望職種につけるのか　　　　・やりがいはどうか
> ・残業，休日出勤，出張など　　・同業他社と比較してどうか　etc.
>
> ●**社風について**
> ・社内のムード　　　　　　　　・上司や同僚との関係
> ・仕事のさせ方　etc.
>
> ●**待遇について**
> ・給与について　　　　　　　　・福利厚生の状態
> ・昇進のスピード　　　　　　　・離職率について　etc.

インターンシップとは，学生向けに企業が用意している「就業体験」プログラム。ここで学生はさまざまな企業の実態をより深く知ることができ，その後の就職活動において自己分析，業界研究，職種選びなどに活かすことができる。また企業側にとっても有能な学生を発掘できるというメリットがあるため，導入する企業は増えている。

インターンシップ参加が採用につながっているケースもあるため，たくさん参加してみよう。

---

column コネを利用するのも1つの手段？

コネを活用できるのは，以下のような場合である。

・企業と大学に何らかの「連絡」がある場合

　企業の新卒採用の場合，特定校・指定校が決められていることもある。企業側が過去の実績などに基づいて決めており，大学の力が大きくものをいう。

　とくに理工系では，指導教授や研究室と企業との連絡が密接な場合が多く，教授の推薦が有利であることは言うまでもない。同じ大学出身の先輩とのコネも，この部類に区分できる。

・志望企業と「関係」ある人と関係がある場合

　一般的に言えば，志望企業の取り引き先関係からの紹介というのが一番多い。ただし，年間億単位の実績が必要で，しかも部長・役員以上につながっていなければコネがあるとは言えない。

・志望企業と何らかの「親しい関係」がある場合

　志望企業に勤務したりアルバイトをしていたことがあるという場合。インターンシップもここに分類される。職場にも馴染みがあり人間関係もできているので，就職に際してきわめて有利。

・志望会社に関係する人と「縁故」がある場合

　縁故を「血縁関係」とした場合，日本企業ではこのコネはかなり有効なところもある。ただし，血縁者が同じ会社にいるというのは不都合なことも多いので，どの企業も慎重。

1. 受付の様子

　受付事務がテキパキとしていて，分かりやすいかどうか。社員の態度が親切で誠意が伝わってくるかどうか。

　こういった受付の様子からでも，その会社の社員教育の程度や，新入社員採用に対する熱意とか期待を推し測ることができる。

2. 控え室の様子

　控え室が2カ所以上あって，国立大学と私立大学の訪問者とが，別々に案内されているようなことはないか。また，面談の順番を意図的に変えているようなことはないか。これはよくある例で，すでに大半は内定しているということを意味する場合が多い。

3. 社内の雰囲気

　社員の話し方，その内容を耳にはさむだけでも，社風が伝わってくる。

4. 面談の様子

　何時間も待たせたあげくに，きわめて事務的に，しかも投げやりな質問しかしないような採用担当者である場合，この会社は人事が適正に行われていないということだから，一考したほうがよい。

参考 ▶ 説明会での質問項目

・質問内容が抽象的でなく，具体性のあるものかどうか。
・質問内容は，現在の社会・経済・政治などの情況を踏まえた，
　大学生らしい高度で専門性のあるものか。
・質問をするのはいいが，「それでは，あなたの意見はどうか」と
　逆に聞かれたとき，自分なりの見解が述べられるものであるか。

提出する書類は6種類。①〜③が大学に申請する書類，④〜⑥が自分で書く書類だ。大学に申請する書類は一度に何枚も入手しておこう。

①「卒業見込証明書」

②「成績証明書」

③「健康診断書」

④「履歴書」

⑤「エントリーシート」

⑥「会社説明会アンケート」

■自分で書く書類は「自己PR」

第1次面接に進めるか否かは「自分で書く書類」の出来にかかっている。「履歴書」と「エントリーシート」は会社説明会に行く前に準備しておくもの。「会社説明会アンケート」は説明会の際に書き，その場で提出する書類だ。

01 履歴書とエントリーシートの違い

Webエントリーを受け付けている企業に資料請求をすると，資料と一緒に「エントリーシート」が送られてくるので，応募サイトのフォームやメールでエントリーシートを送付する。Webエントリーを行っていない企業には，ハガキやメールで資料請求をする必要があるが，「エントリーシート」は履歴書とは異なり，企業が設定した設問に対して回答するもの。すなわちこれが「1次試験」であり，これにパスをした人だけが会社説明会に呼ばれる。

■字はていねいに

字を書くところから，その企業に対する"本気度"は測られている。

■誤字，脱字は厳禁

使用するのは，黒のインク。

■修正液使用は不可

■数字は算用数字

■自分の広告を作るつもりで書く

自分はこういう人間であり，何がしたいかということを簡潔に書く。メリットになることだけで良い。自分に損になるようなことを書く必要はない。

■「やる気」を示す具体的なエピソードを

「私はやる気があります」「私は根気があります」という抽象的な表現だけではNG。それを示すエピソードのようなものを書かなくては意味がない。

Point

自己紹介欄の項目はすべて「自己PR」。自分はこういう人間であることを印象づけ，それがさらに企業への「志望動機」につながっていくような書き方をする。

---

column 履歴書やエントリーシートは，共通でもいい？

「履歴書」や「エントリーシート」は企業によって書き分ける。業種はもちろん，同じ業界の企業であっても求めている人材が違うからだ。各書類は提出前にコピーを取り，さらに出した企業名を忘れずに書いておくことも大切だ。

写真	スナップ写真は不可。 スーツ着用で，胸から上の物を使用する。ポイントは「清潔感」。 氏名・大学名を裏書きしておく。
日付	郵送の場合は投函する日，持参する場合は持参日の日付を記入する。
生年月日	西暦は避ける。元号を省略せずに記入する。
氏名	戸籍上の漢字を使う。印鑑押印欄があれば忘れずに押す。
住所	フリガナ欄がカタカナであればカタカナで，平仮名であれば平仮名で記載する。
学歴	最初の行の中央部に「学□□歴」と2文字程度間隔を空けて，中学校卒業から大学（卒業・卒業見込み）まで記入する。 中途退学の場合は，理由を簡潔に記載する。留年は記入する必要はない。 職歴がなければ，最終学歴の一段下の行の右隅に，「以上」と記載する。
職歴	最終学歴の一段下の行の中央部に「職□□歴」と2文字程度間隔を空け記入する。 「株式会社」や「有限会社」など，所属部門を省略しないで記入する。 「同上」や「〃」で省略しない。 最終職歴の一段下の行の右隅に，「以上」と記載する。
資格・免許	4級以下は記載しない。学習中のものも記載して良い。 「普通自動車第一種運転免許」など，省略せずに記載する。
趣味・特技	具体的に（例：読書でもジャンルや好きな作家を）記入する。
志望理由	その企業の強みや良い所を見つけ出したうえで，「自分の得意な事」がどう活かせるかなどを考えぬいたものを記入する。
自己PR	応募企業の事業内容や職種にリンクするような，自分の経験やスキルなどを記入する。
本人希望欄	面接の連絡方法，希望職種・勤務地などを記入する。「特になし」や空白はNG。
家族構成	最初に世帯主を書き，次に配偶者，それから家族を祖父母，兄弟姉妹の順に。続柄は，本人から見た間柄。兄嫁は，義姉と書く。
健康状態	「良好」が一般的。

01 エントリーシートの目的

・応募者を，決められた採用予定者数に絞り込むこと
・面接時の資料にする
の2つ。

■知りたいのは職務遂行能力

採用担当者が学生を見る場合は,「こいつは与えられた仕事をこなせるかどう
か」という目で見ている。企業に必要とされているのは仕事をする能力なのだ。

Point

質問に忠実に，"自分がいかにその会社の求める人材に当てはまるか"を
丁寧に答えること。

02 効果的なエントリーシートの書き方

■情報を伝える書き方

課題をよく理解していることを相手に伝えるような気持ちで書く。

■文章力

大切なのは全体のバランスが取れているか。書く前に，何をどれくらいの字
数で収めるか計算しておく。

「起承転結」でいえば，「起」は，文章を起こす導入部分。「承」は，起を受け
て，その提起した問題に対して承認を求める部分。「転」は，自説を展開する
部分。もっともオリジナリティが要求される。「結」は，最後の締めの結論部分。
文章の構成・まとめる力で，総合的な能力が高いことをアピールする。

エントリーシートでよく取り上げられる題材と,その出題意図

エントリーシートで求められるものは,「自己PR」「志望動機」「将来どうなりたいか(目指すこと)」の3つに大別される。

1.「自己PR」

自己分析にしたがって作成していく。重要なのは,「なぜそうしようと思ったか?」「○○をした結果,何が変わったのか?何を得たのか?」という"連続性"が分かるかどうかがポイント。

2.「志望動機」

自己PRと一貫性を保ち,業界志望理由と企業志望理由を差別化して表現するように心がける。志望する業界の強みと弱み,志望企業の強みと弱みの把握は基本。

3.「将来の展望」

どんな社員を目指すのか,仕事へはどう臨もうと思っているか,目標は何か,などが問われる。仕事内容を事前に把握しておくだけでなく,5年後の自分,10年後の自分など,具体的な将来像を描いておくことが大切。

表現力,理解力のチェックポイント

❏ 文法,語法が正しいかどうか

❏ 論旨が論理的で一貫しているかどうか

❏ 1センテンスが簡潔かどうか

❏ 表現が統一されているかどうか(「です,ます」調か「だ,である」調か)

01 個人面接

●自由面接法

面接官と受験者のキャラクターやその場の雰囲気，質問と応答の進行具合などによって雑談形式で自由に進められる。

●標準面接法

自由面接法とは逆に，質問内容や評価の基準などがあらかじめ決まっている。実際には自由面接法と併用で，おおまかな質問事項や判定基準，評価ポイントを決めておき，質疑応答の内容上の制限を緩和しておくスタイルが一般的。1次面接などでは標準面接法をとり，2次以降で自由面接法をとる企業も多い。

●非指示面接法

受験者に自由に発言してもらい，面接官は話題を引き出したりするときなど，最小限の質問をするという方法。

●圧迫面接法

わざと受験者の精神状態を緊張させ，受験者がどのような応答をするかを観察し，判定する。受験者は，冷静に対応することが肝心。

02 集団面接

面接の方法は個人面接と大差ないが，面接官がひとつの質問をして，受験者が順にそれに答えるという方法と，面接官が司会役になって，座談会のような形式で進める方法とがある。

座談会のようなスタイルでの面接は，なるべく受験者全員が関心をもっているような話題を取りあげ，意見を述べさせるという方法。この際，司会役以外の面接官は一言も発言せず，判定・評価に専念する。

03 グループディスカッション

グループディスカッション（以下，GD）の時間は30〜60分程度，1グループの人数は5〜10人程度で，司会は面接官が行う場合や，時間を決めて学生が交替で行うことが多い。面接官は内容については特に指示することはなく，受験者がどのようにGDを進めるかを観察する。

評価のポイントは，全体的には理解力，表現力，指導性，積極性，協調性など，個別的には性格，知識，適性などが観察される。

GDの特色は，集団の中での個人ということで，受験者の能力がどの程度のものであるか，また，どのようなことに向いているかを判定できること。受験者は，グループの中における自分の位置を面接官に印象づけることが大切だ。

グループディスカッション方式の面接におけるチェックポイント

❑ 全体の中で適切な論点を提供できているかどうか。
❑ 問題解決に役立つ知識を持っているか，また提供できているかどうか。
❑ もつれた議論を解きほぐし，的はずれの議論を元に引き戻す努力をしているかどうか。
❑ グループ全体としての目標をいつも考えているかどうか。
❑ 感情的な対立や攻撃をしかけているようなことはないか。
❑ 他人の意見に耳を傾け，よい意見には賛意を表し，それを全体に推し広げようという寛大さがあるかどうか。
❑ 議論の流れを自然にリードするような主導性を持っているかどうか。
❑ 提出した意見が議論の進行に大きな影響を与えているかどうか。

04 面接時の注意点

●控え室

控え室には，指定された時間の15分前には入室しよう。そこで担当の係から，面接に際しての注意点や手順の説明が行われるので，疑問点は積極的に聞くようにし，心おきなく面接にのぞめるようにしておこう。会社によっては，所定のカードに必要事項を書き込ませたり，お互いに自己紹介をさせたりする場合もある。また，この控え室での行動も細かくチェックして，合否の資料にしている会社もある。

●入室・面接開始

　係員がドアの開閉をしてくれる場合もあるが，それ以外は軽くノックして入室し，必ずドアを閉める。そして入口近くで軽く一礼し，面接官か補助員の「どうぞ」という指示で正面の席に進み，ここで再び一礼をする。そして，学校名と氏名を名のって静かに着席する。着席時は，軽く椅子にかけるようにする。

●面接終了と退室

　面接の終了が告げられたら，椅子から立ち上がって一礼し，椅子をもとに戻して，面接官または係員の指示を受けて退室する。

　その際も，ドアの前で面接官のほうを向いて頭を下げ，静かにドアを開閉する。控え室に戻ったら，係員の指示を受けて退社する。

05 面接試験の評定基準

●協調性

　企業という「集団」では，他人との協調性が特に重視される。

　感情や態度が円満で調和がとれていること，極端に好悪の情が激しくなく，物事の見方や考え方が穏健で中立であることなど，職場での人間関係を円滑に進めていくことのできる人物かどうかが評価される。

●話し方

　外観印象的には，言語の明瞭さや応答の態度そのものがチェックされる。小さな声で自信のない発言，乱暴野卑な発言は減点になる。

　考えをまとめたら，言葉を選んで話すくらいの余裕をもって，真剣に応答しようとする姿勢が重視される。軽率な応答をしたり，まして発言に矛盾を指摘されるような事態は極力避け，もしそのような状況になりそうなときは，自分の非を認めてはっきりと謝るような態度を示すべき。

●好感度

　実社会においては，外観による第一印象が，人間関係や取引に大きく影響を及ぼす。

　「フレッシュな爽やかさ」に加え，入社志望など，自分の意思や希望をより明確にすることで，強い信念に裏づけられた姿勢をアピールできるよう努力したい。

●判断力

何を質問されているのか，何を答えようとしているのか，常に冷静に判断していく必要がある。

●表現力

話に筋道が通り理路整然としているか，言いたいことが簡潔に言えるか，話し方に抑揚があり聞く者に感銘を与えるか，用語が適切でボキャブラリーが豊富かどうか。

●積極性

活動意欲があり，研究心旺盛であること，進んで物事に取り組み，創造的に解決しようとする意欲が感じられること，話し方にファイトや情熱が感じられること，など。

●計画性

見通しをもって順序よく合理的に仕事をする性格かどうか，またその能力の有無。企業の将来性のなかに，自分の将来をどうかみ合わせていこうとしているか，現在の自分を出発点として，何を考え，どんな仕事をしたいのか。

●安定性

情緒の安定は，社会生活に欠くことのできない要素。自分自身をよく知っているか，他の人に流されない信念をもっているか。

●誠実性

自分に対して忠実であろうとしているか，物事に対してどれだけ誠実な考え方をしているか。

●社会性

企業は集団活動なので，自分の考えに固執したり，不平不満が多い性格は向かない。柔軟で適応性があるかどうか。

Point

清潔感や明朗さ，若々しさといった外観面も重視される。

06 面接試験の質問内容

1. 志望動機

受験先の概要や事業内容はしっかりと頭の中に入れておく。また，その企業の企業活動の社会的意義と，自分自身の志望動機との関連を明確にしておく。「安定している」「知名度がある」「将来性がある」といった利己的な動機，「自

分の性格に合っている」というような，あいまいな動機では説得力がない。安定性や将来性は，具体的にどのような企業努力によって支えられているのかという考察も必要だし，それに対する受験者自身の評価や共感なども問われる。

①どうしてその業種なのか

②どうしてその企業なのか

③どうしてその職種なのか

以上の①～③と，自分の性格や資質，専門などとの関連性を説明できるようにしておく。

自分がどうしてその会社を選んだのか，どこに大きな魅力を感じたのかを，できるだけ具体的に，情熱をもって語ることが重要。自分の長所と仕事の適性を結びつけてアピールし，仕事のやりがいや仕事に対する興味を述べるのもよい。

■複数の企業を受験していることは言ってもいい？

同じ職種，同じ業種で何社かかけもちしている場合，正直に答えてもかまわない。しかし，「第一志望はどこですか」というような質問に対して，正直に答えるべきかどうかというと，やはりこれは疑問がある。どんな会社でも，他社を第一志望にあげられれば，やはり愉快には思わない。

また，職種や業種の異なる会社をいくつか受験する場合も同様で，極端に性格の違う会社をあげれば，その矛盾を突かれるのは必至だ。

2. 仕事に対する意識・職業観

採用試験の段階では，次年度の配属予定が具体的に固まっていない会社もかなりある。具体的に職種や部署などを細分化して募集している場合は別だが，そうでない場合は，希望職種をあまり狭く限定しないほうが賢明。どの業界においても，採用後，新入社員には，研修としてその会社の各セクションをひと通り経験させる企業は珍しくない。そのうえで，具体的な配属計画を検討するのだ。

大切なことは，就職や職業というものを，自分自身の生き方の中にどう位置づけるか，また，自分の生活の中で仕事とはどういう役割を果たすのかを考えてみること。つまり自分の能力を活かしたい，社会に貢献したい，自分の存在価値を社会的に実現してみたい，ある分野で何か自分の力を試してみたい……，などの場合を考え，それを自分自身の人生観，志望職種や業種などとの関係を考えて組み立ててみる。自分の人生観をもとに，それを自分の言葉で表現できるようにすることが大切。

3. 自己紹介・自己PR

性格そのものを簡単に変えたり，欠点を克服したりすることは実際には難しいが，"仕方がない"という姿勢を見せることは禁物で，どんなささいなことでも，努力している面をアピールする。また一般的にいって，専門職を除けば，就職時になんらかの資格や技能を要求する企業は少ない。

ただ，資格をもっていれば採用に有利とは限らないが，専門性を要する業種では考慮の対象とされるものもある。たとえば英検，簿記など。

企業が学生に要求しているのは，4年間の勉学を重ねた学生が，どのように仕事に有用であるかということで，学生の知識や学問そのものを聞くのが目的ではない。あくまで，社会人予備軍としての謙虚さと素直さを失わないようにする。

知識や学力よりも，その人の人間性，ビジネスマンとしての可能性を重視するからこそ，面接担当者は，学生生活全般について尋ねることで，書類だけでは分からない人間性を探ろうとする。

何かうち込んだものや思い出に残る経験などは，その人の人間的な成長になんらかの作用を及ぼしているものだ。どんな経験であっても，そこから受けた印象や教訓などは，明確に答えられるようにしておきたい。

4. 一般常識・時事問題

一般常識・時事問題については筆記試験の分野に属するが，面接でこうしたテーマがもち出されることも珍しくない。受験者がどれだけ社会問題に関心をもっているか，一般常識をもっているか，また物事の見方・考え方に偏りがないかなどを判定する。知識や教養だけではなく，一問一答の応答を通じて，その人の性格や適応能力まで判断されることになる。

07 面接に向けての事前準備

■面接試験1カ月前までには万全の準備をととのえる

●志望会社・職種の研究

新聞の経済欄や経済雑誌などのほか，会社年鑑，株式情報など書物による研究をしたり，インターネットにあがっている企業情報や，検索によりさまざまな角度から調べる。すでにその会社へ就職している先輩や知人に会って知識を得たり，大学のキャリアセンターへ情報を求めるなどして総合的に判断する。

■専攻科目の知識・卒論のテーマなどの整理

大学時代にどれだけ勉強してきたか，専攻科目や卒論のテーマなどを整理しておく。

■時事問題に対する準備

毎日欠かさず新聞を読む。志望する企業の話題は，就職ノートに整理するなどもアリ。

面接当日の必需品

❏必要書類（履歴書，卒業見込証明書，成績証明書，健康診断書，推薦状）

❏学生証

❏就職ノート（志望企業ファイル）

❏印鑑，朱肉

❏筆記用具（万年筆，ボールペン，サインペン，シャープペンなど）

❏手帳，ノート

❏地図（訪問先までの交通機関などをチェックしておく）

❏現金（小銭も用意しておく）

❏腕時計（オーソドックスなデザインのもの）

❏ハンカチ，ティッシュペーパー

❏くし，鏡（女性は化粧品セット）

❏シューズクリーナー

❏ストッキング

❏折りたたみ傘（天気予報をチェックしておく）

❏携帯電話，充電器

■一般常識試験

Point

社会人として企業活動を行ううえで最低限必要となる一般常識のほか，英語，国語，社会(時事問題)，数学などの知識の程度を確認するもの。

　難易度はおおむね中学・高校の教科書レベル。一般常識の問題集を1冊やっておけばよいが，業界によっては専門分野が出題されることもあるため，必ず志望する企業のこれまでの試験内容は調べておく。

■一般常識試験の対策

・**英語**　慣れておくためにも，教科書を復習する，英字新聞を読むなど。
・**国語**　漢字，四字熟語，反対語，同音異義語，ことわざをチェック。
・**時事問題**　新聞や雑誌，テレビ，ネットニュースなどアンテナを張っておく。

■適性検査

　SPI（Synthetic Personality Inventory）試験（SPI3試験）とも呼ばれ，能力テストと性格テストを合わせたもの。

　能力テストでは国語能力を測る「言語問題」と，数学能力を測る「非言語問題」がある。言語的能力，知覚能力，数的能力のほか，思考・推理能力，記憶力，注意力などの問題で構成されている。

　性格テストは「はい」か「いいえ」で答えていく。仕事上の適性と性格の傾向などが一致しているかどうかをみる。

Point

SPIは職務への適応性を客観的にみるためのもの。

01 「論文」と「作文」

　一般に「論文」はあるテーマについて自分の意見を述べ，その論証をする文章で，必ず意見の主張とその論証という2つの部分で構成される。問題提起と論旨の展開，そして結論を書く。

　「作文」は，一般的には感想文に近いテーマ，たとえば「私の興味」「将来の夢」といったものがある。

　就職試験では「論文」と「作文」を合わせた“論作文”とでもいうようなものが出題されることが多い。

　論作文試験とは，「文章による面接」。テーマに書き手がどういう態度を持っているかを知ることが，出題の主な目的だ。受験者の知識・教養・人生観・社会観・職業観，そして将来への希望などが，どのような思考を経て，どう表現されているかによって，企業にとって，必要な人物かどうかを判断している。

　論作文の場合には，書き手の社会的意識や考え方に加え，「感銘を与える」働きが要求される。就職活動とは，企業に対し「自分をアピールすること」だということを常に念頭に置いておきたい。

Point

論文と作文の違い

	論　文	作　文
テーマ	学術的・社会的・国際的なテーマ。時事，経済問題など	個人的・主観的なテーマ。人生観，職業観など
表現	自分の意見や主張を明確に述べる。	自分の感想を述べる。
展開	四段型（起承転結）の展開が多い。	三段型（はじめに・本文・結び）の展開が多い。
文体	「だ調・である調」のスタイルが多い。	「です調・ます調」のスタイルが多い。

・テーマ

与えられた課題（テーマ）を，受験者はどのように理解しているか。

出題されたテーマの意義をよく考え，それに対する自分の意見や感情が，十分に整理されているかどうか。

・表現力

課題について本人が感じたり，考えたりしたことを，文章で的確に表しているか。

・字・用語・その他

かなづかいや送りがなが合っているか，文中で引用されている格言やことわざの類が使用法を間違えていないか，さらに誤字・脱字に至るまで，文章の基本的な力が受験者の人柄ともからんで厳密に判定される。

・オリジナリティ

魅力がある文章とは，オリジナリティを率直に出すこと。自分の感情や意見を，自分の言葉で表現する。

・生活態度

文章は，書き手の人格や人柄を映し出す。平素の社会的関心や他人との協調性，趣味や読書傾向はどうであるかといった，受験者の日常における生き方，生活態度がみられる。

・字の上手・下手

できるだけ読みやすい字を書く努力をする。また，制限字数より文章が長くなって原稿用紙の上下や左右の空欄に書き足したりすることは避ける。消しゴムで消す場合にも，丁寧に。

いずれの場合でも，表面的な文章力を問うているのではなく，受験者の人柄のほうを重視している。

マナーチェックリスト

就活において企業の人事担当は，面接試験やOG／OB訪問，そして面接試験において，あなたのマナーや言葉遣いといった，「常識力」をチェックしている。現在の自分はどのくらい「常識力」が身についているかをチェックリストで振りかえり，何ができて，何ができていないかを明確にしたうえで，今後の取り組みに生かしていこう。

評価基準　5：大変良い　4：やや良い　3：どちらともいえない　2：やや悪い　1：悪い

	項　目	評　価	メ　モ
挨拶	明るい笑顔と声で挨拶をしているか		
	相手を見て挨拶をしているか		
	相手より先に挨拶をしているか		
	お辞儀を伴った挨拶をしているか		
	直接の応対者でなくても挨拶をしているか		
表情	笑顔で応対しているか		
	表情に私的感情がでていないか		
	話しかけやすい表情をしているか		
	相手の話は真剣な顔で聞いているか		
身だしなみ	前髪は目にかかっていないか		
	髪型は乱れていないか／長い髪はまとめているか		
	髭の剃り残しはないか／化粧は健康的か		
	服は汚れていないか／清潔に手入れされているか		
	機能的で職業・立場に相応しい服装をしているか		
	華美なアクセサリーはつけていないか		
	爪は伸びていないか		
	靴下の色は適当か／ストッキングの色は自然な肌色か		
	靴の手入れは行き届いているか		
	ポケットに物を詰めすぎていないか		

	項　目	評　価	メ　モ
言葉遣い	専門用語を使わず，相手にわかる言葉で話しているか		
	状況や相手に相応しい敬語を正しく使っているか		
	相手の聞き取りやすい音量・速度で話しているか		
	語尾まで丁寧に話しているか		
	気になる言葉癖はないか		
動作	物の授受は両手で丁寧に実施しているか		
	案内・指し示し動作は適切か		
	キビキビとした動作を心がけているか		
心構え	勤務時間・指定時間の5分前には準備が完了しているか		
	心身ともに健康管理をしているか		
	仕事とプライベートの切替えができているか		

☑ 常に自己点検をするクセをつけよう

「人を表情やしぐさ，身だしなみなどの見かけで判断してはいけない」と一般にいわれている。確かに，人の個性は見かけだけではなく，内面においても見いだされるもの。しかし，私たちは人を第一印象である程度決めてしまう傾向がある。それが面接試験など初対面の場合であればなおさらだ。したがって，チェックリストにあるような挨拶，表情，身だしなみ等に注意して面接試験に臨むことはとても重要だ。ただ，これらは面接試験前にちょっと対策したからといって身につくようなものではない。付け焼き刃的な対策をして面接試験に臨んでも，面接官はあっという間に見抜いてしまう。日頃からチェックリストにあるような項目を意識しながら行動することが大事であり，そうすることで，最初はぎこちない挨拶や表情等も，その人の個性に応じたすばらしい所作へ変わっていくことができるのだ。さっそく，本日から実行してみよう。

面接試験において，印象を決定づける表情はとても大事。
どのようにすれば感じのいい表情ができるのか，ポイントを確認していこう。

明るく，温和で
柔らかな表情をつくろう

人間関係の潤滑油

表情に関しては，まずは豊かである
ということがベースになってくる。う
れしい表情，困った表情，驚いた表
情など，さまざまな気持ちを表現で
きるということが，人間関係を潤いの
あるものにしていく。

Point

　表情はコミュニケーションの大前提。相手に「いつでも話しかけてくださ
いね」という無言の言葉を発しているのが，就活に求められる表情だ。面接
官が安心してコミュニケーションをとろうと思ってくれる表情。それが，明
るく，温和で柔らかな表情となる。

いますぐデキる
カンタンTraining

Training 01

喜怒哀楽を表してみよう

- ・人との出会いを楽しいと思うことが表情の基本
- ・表情を豊かにする大前提は相手の気持ちに寄り添うこと
- ・目元・口元だけでなく，眉の動きを意識することが大事

Training 02

表情筋のストレッチをしよう

- ・表情筋は「ウイスキー」の発音によって鍛える
- ・意識して毎日，取り組んでみよう
- ・笑顔の共有によって相手との距離が縮まっていく

コミュニケーションは挨拶から始まり，その挨拶ひとつで印象は変わるもの。
ポイントを確認していこう。

丁寧にしっかりと
はっきり挨拶をしよう

人間関係の第一歩

挨拶は心を開いて，相手に近づくコ
ミュニケーションの第一歩。たかが
挨拶，されど挨拶の重要性をわきま
えて，きちんとした挨拶をしよう。形，
つまり"技"も大事だが，心をこめ
ることが最も重要だ。

Point

　挨拶はコミュニケーションの第一歩。相手が挨拶するのを待っているの
は望ましくない。挨拶の際のポイントは丁寧であることと，はっきり声に出
すことの2つ。丁寧な挨拶は，相手を大事にして迎えている気持ちの表れ
となる。はっきり声に出すことで，これもきちんと相手を迎えていることが
伝わる。また，相手もその応答として挨拶してくれることで，会ってすぐに
双方向のコミュニケーションが成立する。

いますぐデキる
カンタンTraining

Training 01

3つのお辞儀をマスターしよう

① 会釈（15度）　　　　② 敬礼（30度）　　　　③ 最敬礼（45度）

・息を吸うことを意識してお辞儀をするとキレイな姿勢に
・目線は真下ではなく，床前方1.5m先ぐらいを見よう
・相手への敬意を忘れずに

Training 02

対面時は言葉が先，お辞儀が後

・相手に体を向けて先に自ら挨拶をする
・挨拶時，相手とアイコンタクトを
　しっかり取ろう
・挨拶の後に，お辞儀をする。
　これを「語先後礼」という

コミュニケーションは「話す」よりも「聞く」ことといわれる。相手が話しやすい聞き方の, ポイントを確認しよう。

受容の立場で
傾聴しよう

相手の話を受けとめる

話を聞くときは, やや前に傾く姿勢をとる。表情と姿勢が合わさることにより, 話し手の心が開き「あれも, これも話そう」という気持ちになっていく。また, 「はい」と一度のお辞儀で頷くと相手の話を受け止めているというメッセージにつながる。

Point

　話をすること, 話を聞いてもらうことは誰にとってもプレッシャーを伴うもの。そのため, 「何でも話して良いんですよ」「何でも話を聞きますよ」「心配しなくて良いんですよ」という気持ちで聞くことが大切になる。その気持ちが聞く姿勢に表れれば, 相手は安心して話してくれる。

いますぐデキる
カンタンTraining

Training **01**
頷きは一度で

- 相手が話した後に「はい」と
  一言発する
- 頷きすぎは逆効果

Training **02**
目線は自然に

- 鼻の付け根あたりを見ると
  自然な印象に
- 目を見つめすぎるのはNG

Training **03**
話の句読点で視線を移す

- 視線は話している人を見ることが基本
- 複数の人の話を聞くときは句読点を意識し，
  視線を振り分けることで聞く姿勢を表す

自分の意思を相手に明確に伝えるためには，話し方が重要となる。はっきりと
的確に話すためのポイントを確認しよう。

明るい発声を
心がけよう

ボリュームを意識して

話すときのポイントとしては，ボリュームを意識する
ことが挙げられる。会議室の一番奥にいる人に声が
届くように意識することで，声のボリュームはコント
ロールされていく。

Point

　コミュニケーションとは「伝達」すること。どのようなことも，適当に伝
えるのではなく，伝えるべきことがきちんと相手に届くことが大切になる。
そのためには，はっきりと，分かりやすく，丁寧に，心を込めて話すこと。
言葉だけでなく，表情やジェスチャーを加えることも有効。

いますぐデキる
カンタンTraining

Training 01
腹式呼吸で発声練習

- ・「あえいうえおあお」と発声する
- ・腹式呼吸は，胸部をなるべく動かさずに，息を吸うときにお腹や腰が膨らむよう意識する呼吸法

Training 02
早口言葉にチャレンジ

おあやや
母親に
お謝り

- ・「おあやや，母親に，お謝り」と早口で
- ・口がすぼまった「お」と口が開いた「あ」の発音に，変化をつけられるかがポイント

Training 03
ジェスチャーを有効活用

- ・腰より上でジェスチャーをする
- ・体から離した位置に手をもっていく
- ・ジェスチャーをしたら戻すところをさだめておく

実践編 STEP 5 　身だしなみ

身だしなみはその人自身を表すもの。身だしなみの基本について，ポイントを
確認しよう。

清潔感,さわやかさを
醸し出せるようにしよう

プロの企業人に
ふさわしい身だしなみを

信頼感，安心感をもたれる身だしな
みを考えよう。TPOに合わせた服装は，
すなわち "礼" を表している。そして，
身だしなみには，「清潔感」,「品のよさ」,
「控え目である」という，3つのポイ
ントがある。

Point

相手との心理的な距離や物理的な距離が遠ければ，コミュニケーションは
成立しにくくなる。見た目が不潔では誰も近付いてこない。身だしなみが
清潔であること，爽やかであることは相手との距離を縮めることにも繋がる。

いますぐデキる
カンタンTraining

Training 01

髪型，服装を整えよう

3分の1は額が見えるように

- 男性も女性も眉が見える髪型が望ましい。3分の1は額が見えるように。額は知性と清潔感を伝える場所。男性の髪の長さは耳や襟にかからないように
- スーツで相手の前に立つときは，ボタンはすべて留める。男性の場合は下のボタンは外す

Training 02

おしゃれとの違いを明確に

- 爪はできるだけ切りそろえる
- 爪の中の汚れにも注意
- ジェルネイル，ネイルアートはNG

Training 03

足元にも気を配って

- 女性の場合はパンプス，男性の場合は黒の紐靴が望ましい
- 靴はこまめに汚れを落とし見栄えよく

姿勢にはその人の意欲が反映される。前向き，活動的な姿勢を表すにはどうしたらよいか，ポイントを確認しよう。

前向き,活動的な 姿勢を維持しよう

一直線と左右対称

正しい立ち姿として，耳，肩，腰，くるぶしを結んだ線が一直線に並んでいることが最大のポイントになる。そのラインが直線に近づくほど立ち姿がキレイに整っていることになる。また，"左右対称"というのもキレイな姿勢の要素のひとつになる。

Point

　姿勢は，身体と心の状態を反映するもの。そのため，良い姿勢でいることは，印象が清々しいだけでなく，健康で元気そうに見え，話しかけやすさにも繋がる。歩く姿勢，立つ姿勢，座る姿勢など，どの場面にも心身の健康状態が表れるもの。日頃から心身の健康状態に気を配り，フィジカルとメンタル両面の自己管理を心がけよう。

いますぐデキる
カンタンTraining

Training 01

キレイな歩き方を心がけよう

- 女性は1本の線上を，男性はそれよりも太い線上を沿うように歩く
- 一歩踏み出したときに前の足に体重を乗せるように，腰から動く
- 12時の方向につま先をもっていく

Training 02

前向きな気持ちを持とう

- 常に前向きな気持ちが姿勢を正す
- ポジティブ思考を心がけよう

言葉遣いの正しさはとは，場面にあった言葉を遣うということ。相手を気づかいながら，言葉を選ぶことで，より正しい言葉に近づいていく。

相手と場面に合わせた
ふさわしい言葉遣いを

次の文は接客の場面でよくある間違えやすい敬語です。
それぞれの言い方は○×どちらでしょうか。

問1 「資料をご拝読いただきありがとうございます」

問2 「こちらのパンフレットはもういただかれましたか？」

問3 「恐れ入りますが，こちらの用紙にご記入してください」

問4 「申し訳ございませんが，来週，休ませていただきます」

問5 「先ほどの件，帰りましたら上司にご報告いたしますので」

Point

　ビジネスのシーンに敬語は欠くことができない。何度もやり取りをしていく中で，親しさの度合いによっては，あえてくだけた表現を用いることもあるが，「親しき仲にも礼儀あり」と言われるように，敬意や心づかいをおろそかにしてはいけないもの。相手に誤解されたり，相手の気分を壊すことのないように，相手や場面にふさわしい言葉遣いが大切になる。

問1 （×）　○正しい言い換え例

→「ご覧いただきありがとうございます」など

「拝読」は自分が「読む」意味の謙譲語なので，相手の行為に使うのは誤り。読むと見るは同義なため，多く，見るの尊敬語「ご覧になる」が用いられる。

問2 （×）　○正しい言い換え例

→「お持ちですか」「お渡ししましたでしょうか」　など

「いただく」は，食べる・飲む・もらうの謙譲語。「もらったかどうか」と聞きたいのだから，「おもらいになりましたか」と言えないこともないが，持っているかどうか，受け取ったかどうかという意味で「お持ちですか」などが使われることが多い。また，自分側が渡すような場合は，「お渡しする」を使って「お渡ししましたでしょうか」などの言い方に換えることもできる。

問3 （×）　○正しい言い換え例

→「恐れ入りますが，こちらの用紙にご記入ください」など

「ご記入する」の「お（ご）～する」は謙譲語の形。相手の行為を謙譲語で表すことになるため誤り。「して」を取り除いて「ご記入ください」か，和語に言い換えて「お書きください」とする。ほかにも「お書き／ご記入・いただけますでしょうか・願います」などの表現もある。

問4 （△）

有給休暇を取る場合や，弔事等で休むような場面で，用いられることも多い。「休ませていただく」ということで一見丁寧に響くが，「来週休むと自分で休みを決めている」という勝手な表現にも受け取られかねない言葉だ。ここは同じ「させていただく」を用いても，相手の都合をうかがう言い方に換えて「○○がございまして，申し訳ございませんが，休みをいただいてもよろしいでしょうか」などの言い換えが好ましい。

問5 （×）○正しい言い換え例

→「上司に報告いたします」

「ご報告いたします」は，ソトの人との会話で使うとするならば誤り。「ご報告いたします」の「お・ご～いたす」は，「お・ご～する」と「～いたす」という2つの敬語を含む言葉。そのうちの「お・ご～する」は，主語である自分を低めて相手＝上司を高める働きをもつ表現（謙譲語Ⅰ）。一方「～いたす」は，主語の私を低めて，話の聞き手に対して丁重に述べる働きをもつ表現（謙譲語Ⅱ　丁重語）。「お・ご～する」も「～いたす」も同じ謙譲語であるため紛らわしいが，主語を低める（謙譲）という働きは同じでも，行為の相手を高める働きがあるかないかという点に違いがあるといえる。

敬語は正しく使用することで，相手の印象を大きく変えることができる。尊敬語，謙譲語の区別をはっきりつけて，誤った用法で話すことのないように気をつけよう。

言葉の使い方が
マナーを表す!

■よく使われる尊敬語の形　「言う・話す・説明する」の例

専用の尊敬語型	おっしゃる
〜れる・〜られる型	言われる・話される・説明される
お（ご）〜になる型	お話しになる・ご説明になる
お（ご）〜なさる型	お話しなさる・ご説明なさる

■よく使われる謙譲語の形　「言う・話す・説明する」の例

専用の謙譲語型	申す・申し上げる
お（ご）〜する型	お話しする・ご説明する
お（ご）〜いたす型	お話しいたします・ご説明いたします

Point

　同じ尊敬語・謙譲語でも，よく使われる代表的な形がある。ここではその一例をあげてみた。敬語の使い方に迷ったときなどは，まずはこの形を思い出すことで，大抵の語はこの型にはめ込むことができる。同じ言葉を用いたほうがよりわかりやすいといえるので，同義に使われる「言う・話す・説明する」を例に考えてみよう。

　ほかにも「お話しくださる」や「お話しいただく」「お元気でいらっしゃる」などの形もあるが，まずは表の中の形を見直そう。

なお，尊敬語の中の「言われる」などの「れる・られる」を付けた形は省力している。

基本	尊敬語（相手側）	謙譲語（自分側）
会う	お会いになる	お目にかかる・お会いする
言う	おっしゃる	申し上げる・申す
行く・来る	いらっしゃる おいでになる お見えになる お越しになる お出かけになる	伺う・参る お伺いする・参上する
いる	いらっしゃる・おいでになる	おる
思う	お思いになる	存じる
借りる	お借りになる	拝借する・お借りする
聞く	お聞きになる	拝聴する 拝聞する お伺いする・伺う お聞きする
知る	ご存じ（知っているという意で）	存じ上げる・存じる
する	なさる	いたす
食べる・飲む	召し上がる・お召し上がりになる お飲みになる	いただく・頂戴する
見る	ご覧になる	拝見する
読む	お読みになる	拝読する

「お伺いする」「お召し上がりになる」などは，「伺う」「召し上がる」自体が敬語なので
「二重敬語」ですが，慣習として定着しており間違いではないもの。

Point

　上記の「敬語表」は，よく使うと思われる動詞をそれぞれ尊敬語・謙譲語
で表したもの。このように大体の言葉は型にあてはめることができる。言
葉の中には「お（ご）」が付かないものもあるが，その場合でも「〜なさる」
を使って，「スピーチなさる」や「運営なさる」などと言うことができる。ま
た，表では，「言う」の尊敬語「言われる」の例は省いているが，れる・ら
れる型の「言われる」よりも「おっしゃる」「お話しになる」「お話しなさる」
などの言い方のほうが，より敬意も高く，言葉としても何となく響きが落ち
着くといった印象を受けるものとなる。

会話は相手があってのこと。いかなる場合でも，相手に対する心くばりを忘れないことが，会話をスムーズに進めるためのコツになる。

心くばりを添えるひと言で
言葉の印象が変わる!

　相手に何かを頼んだり，また相手の依頼を断ったり，相手の抗議に対して反論したりする場面では，いきなり自分の意見や用件を切り出すのではなく，場面に合わせて心くばりを伝えるひと言を添えてから本題に移ると，響きがやわらかくなり，こちらの意向も伝えやすくなる。俗にこれは「クッション言葉」と呼ばれている。（右表参照）

Point

　ビジネスの場面で，相手と話したり手紙やメールを送る際には，何か依頼事があってという場合が多いもの。その場合に「ちょっとお願いなんですが…」では，ふだんの会話と変わりがないものになってしまう。そこを「突然のお願いで恐れ入りますが」「急にご無理を申しまして」「こちらの勝手で恐縮に存じますが」「折り入ってお願いしたいことがございまして」などの一言を添えることで，直接的なきつい感じが和らぐだけでなく，「申し訳ないのだけれど，もしもそうしていただくことができればありがたい」という，相手への配慮や願いの気持ちがより強まる。このような前置きの言葉もうまく用いて，言葉に心くばりを添えよう。

相手の意向を尋ねる場合	「よろしければ」「お差し支えなければ」 「ご都合がよろしければ」「もしお時間がありましたら」 「もしお嫌いでなければ」「ご興味がおありでしたら」
相手に面倒を かけてしまうような場合	「お手数をおかけしますが」 「ご面倒をおかけしますが」 「お手を煩わせまして恐縮ですが」 「お忙しい時に申し訳ございませんが」 「お時間を割いていただき申し訳ありませんが」 「貴重なお時間を頂戴し恐縮ですが」
自分の都合を 述べるような場合	「こちらの勝手で恐縮ですが」 「こちらの都合（ばかり）で申し訳ないのですが」 「私どもの都合ばかりを申しまして，まことに申し訳な く存じますが」 「ご無理を申し上げまして恐縮ですが」
急な話をもちかけた場合	「突然のお願いで恐れ入りますが」 「急にご無理を申しまして」 「もっと早くにご相談申し上げるべきところでございま したが」 「差し迫ってのことでまことに申し訳ございませんが」
何度もお願いする場合	「たびたびお手数をおかけしまして恐縮に存じますが」 「重ね重ね恐縮に存じますが」 「何度もお手を煩わせまして申し訳ございませんが」 「ご面倒をおかけしてばかりで，まことに申し訳ござい ませんが」
難しいお願いをする場合	「ご無理を承知でお願いしたいのですが」 「たいへん申し上げにくいのですが」 「折り入ってお願いしたいことがございまして」
あまり親しくない相手に お願いする場合	「ぶしつけなお願いで恐縮ですが」 「ぶしつけながら」 「まことに厚かましいお願いでございますが」
相手の提案・誘いを断る場合	「申し訳ございませんが」 「（まことに）残念ながら」 「せっかくのご依頼ではございますが」 「たいへん恐縮ですが」 「身に余るお言葉ですが」 「まことに失礼とは存じますが」 「たいへん心苦しいのですが」 「お引き受けしたいのはやまやまですが」
問い合わせの場合	「つかぬことをうかがいますが」 「突然のお尋ねで恐縮ですが」

文章の書き方

ここでは文章の書き方における，一般的な敬称について言及している。はがき，手紙，メール等，通信手段はさまざま。それぞれの特性をふまえて有効活用しよう。

相手の気持ちになって
見やすく美しく書こう

■敬称のいろいろ

敬称	使う場面	例
様	職名・役職のない個人	（例）飯田知子様／ご担当者様／経理部長　佐藤一夫様
殿	職名・組織名・役職のある個人（公用文など）	（例）人事部長殿／教育委員会殿／田中四郎殿
先生	職名・役職のない個人	（例）松井裕子先生
御中	企業・団体・官公庁などの組織	（例）○○株式会社御中
各位	複数あてに同一文書を出すとき	（例）お客様各位／会員各位

Point

　封筒・はがきの表書き・裏書きは縦書きが基本だが，洋封筒で親しい人にあてる場合は，横書きでも問題ない。いずれにせよ，定まった位置に，丁寧な文字でバランス良く，正確に記すことが大切。特に相手の住所や名前を乱雑な文字で書くのは，配達の際の間違いを引き起こすだけでなく，受け取る側に不快な思いをさせる。相手の気持ちになって，見やすく美しく書くよう心がけよう。

■各通信手段の長所と短所

	長所	短所	用途
封書	・封を開けなければ本人以外の目に触れることがない。 ・丁寧な印象を受ける。	・多量の資料・画像送付には不向き。 ・相手に届くまで時間がかかる。	・儀礼的な文書(礼状・わび状など) ・目上の人あての文書 ・重要な書類 ・他人に内容を読まれたくない文書
はがき・カード	・封書よりも気軽にやり取りできる。 ・年賀状や季節の便り, 旅先からの連絡など絵はがきとしても楽しむことができる。	・封に入っていないため, 第三者の目に触れることがある。 ・中身が見えるので, 改まった礼状やわび状, こみ入った内容には不向き。 ・相手に届くまで時間がかかる。	・通知状　　　・案内状 ・送り状　　　・旅先からの便り ・各種お祝い　・お礼 ・季節の挨拶
FAX	・手書きの図やイラストを文章といっしょに送れる。 ・すぐに届く。 ・控えが手元に残る。	・多量の資料の送付には不向き。 ・事務的な用途で使われることが多く, 改まった内容の文書, 初対面の人へは不向き。	・地図, イラストの入った文書 ・印刷物(本・雑誌など)
電話	・急ぎの連絡に便利。 ・相手の反応をすぐに確認できる。 ・直接声が聞けるので, 安心感がある。	・連絡できる時間帯が制限される。 ・長々としたこみ入った内容は伝えづらい。	・緊急の用件 ・確実に用件を伝えたいとき
メール	・瞬時に届く。　　・控えが残る。 ・コストが安い。 ・大容量の資料や画像をデータで送ることができる。 ・一度に大勢の人に送ることができる。 ・相手の居場所や状況を気にせず送れる。	・事務的な印象を与えるので, 改まった礼状やわび状には不向き。 ・パソコンや携帯電話を持っていない人には送れない。 ・ウィルスなどへの対応が必要。	・データで送りたいとき ・ビジネス上の連絡

─Point─

　はがきは手軽で便利だが, おわびやお願い, 格式を重んじる手紙には不向きとなる。この種の手紙は内容もこみ入ったものとなり, 加えて丁寧な文章で書かなければならないので, 数行で済むことはまず考えられない。また, 封筒に入っていないため, 他人の目に触れるという難点もある。このように, はがきにも長所と短所があるため, 使う場面や相手によって, 他の通信手段と使い分けることが必要となる。

　はがき以外にも, 封書・電話・FAX・メールなど, 現代ではさまざまな通信手段がある。上に示したように, それぞれ長所と短所があるので, 特徴を知って用途によって上手に使い分けよう。

社会人のマナーとして，電話応対のスキルは必要不可欠。まずは失礼なく電話に出ることからはじめよう。積極性が重要だ。

相手の顔が見えない分
対応には細心の注意を

■電話をかける場合

① ○○先生に電話をする

×「私，□□社の××と言いますが，○○様はおられますでしょうか？」

○「××と申しますが，○○様はいらっしゃいますか？」

「おられますか」は「おる」を謙譲語として使うため，通常は相手がいるかどうかに関しては，「いらっしゃる」を使うのが一般的。

② 相手の状況を確かめる

×「こんにちは，××です，先日のですね…」

○「××です，先日は有り難うございました，今お時間よろしいでしょうか？」

相手が忙しくないかどうか，状況を聞いてから話を始めるのがマナー。また，やむを得ず夜間や早朝，休日などに電話をかける際は，「夜分（朝早く）に申し訳ございません」「お休みのところ恐れ入ります」などのお詫びの言葉もひと言添えて話す。

③ 相手が不在，何時ごろ戻るかを聞く場合

×「戻りは何時ごろですか？」

○「何時ごろお戻りになりますでしょうか？」

「戻り」はそのままの言い方，相手にはきちんと尊敬語を使う。

④ また自分からかけることを伝える

×「そうですか，ではまたかけますので」

○「それではまた後ほど（改めて）お電話させていただきます」

戻る時間がわかる場合は，「またお戻りになりましたころにでも」「また午後にでも」などの表現もできる。

■電話を受ける場合

①　電話を取ったら

× 「はい，もしもし，○○（社名）ですが」

○ 「はい，○○（社名）でございます」

②　相手の名前を聞いて

× 「どうも，どうも」

○ 「いつもお世話になっております」

あいさつ言葉として定着している決まり文句ではあるが，日頃のお付き合いがあってこそ。あいさつ言葉もきちんと述べよう。「お世話様」という言葉も時折耳にするが，敬意が軽い言い方となる。適切な言葉を使い分けよう。

③　相手が名乗らない

× 「どなたですか？」「どちらさまですか？」

○ 「失礼ですが，お名前をうかがってもよろしいでしょうか？」

名乗るのが基本だが，尋ねる態度も失礼にならないように適切な応対を心がけよう。

④　電話番号や住所を教えてほしいと言われた場合

× 「はい，いいでしょうか？」　　× 「メモのご用意は？」

○ 「はい，申し上げます，よろしいでしょうか？」

「メモのご用意は？」は，一見親切なようにも聞こえるが，尋ねる相手も用意していることがほとんど。押し付けがましくならない程度に。

⑤　上司への取次を頼まれた場合

× 「はい，今代わります」　　× 「○○部長ですね，お待ちください」

○ 「部長の○○でございますね，ただいま代わりますので，少々お待ちくださいませ」

○○部長という表現は，相手側の言い方となる。自分側を述べる場合は，「部長の○○」「○○」が適切。

Point

自分から電話をかける場合は，まずは自分の会社名や氏名を名乗るのがマナー。たとえ目的の相手が直接出た場合でも，電話では相手の様子が見えないことがほとんど。自分の勝手な判断で話し始めるのではなく，相手の都合を伺い，そのうえで話を始めるのが社会人として必要な気配りとなる。

時候の挨拶

月	漢語調の表現 候、みぎりなどを付けて用いられます	口語調の表現
1月 (睦月)	初春・新春・頌春・小寒・大寒・厳寒	皆様におかれましては、よき初春をお迎えのことと存じます／厳しい寒さが続いております／珍しく暖かな寒の入りとなりました／大寒という言葉通りの厳しい寒さでございます
2月 (如月)	春寒・余寒・残寒・立春・梅花・向春	立春とは名ばかりの寒さ厳しい毎日でございます／梅の花もちらほらとふくらみ始め、春の訪れを感じる今日この頃です／春の訪れが待ち遠しいのごろでございます
3月 (弥生)	早春・浅春・春寒・春分・春暖	寒さもようやくゆるみ、日ましに春めいてまいりました／ひと雨ごとに春めいてまいりました／日増しに暖かさが加わってまいりました
4月 (卯月)	春暖・陽春・桜花・桜花爛漫	桜花爛漫の季節を迎えました／春光うららかな好季節となりました／花冷えとでも申しましょうか、何だか肌寒い日が続いております
5月 (皐月)	新緑・薫風・惜春・晩春・立夏・若葉	風薫るさわやかな季節を迎えました／木々の緑が目にまぶしいようでございます／目に青葉、山ほととぎす、初鰹の句も思い出される季節となりました
6月 (水無月)	梅雨・向暑・初夏・薄暑・麦秋	初夏の風もさわやかな毎日でございます／梅雨前線が近づいてまいりました／梅雨の晴れ間にのぞく青空は、まさに夏を思わせるようです
7月 (文月)	盛夏・大暑・炎暑・酷暑・猛暑	梅雨が明けたとたん、うだるような暑さが続いております／長い梅雨も明け、いよいよ本格的な夏がやってまいりました／風鈴の音がわずかに涼を運んでくれているようです
8月 (葉月)	残暑・晩夏・処暑・秋暑	立秋とはほんとうに名ばかりの厳しい暑さの毎日です／残暑たえがたい毎日でございます／朝夕はいくらかしのぎやすくなってまいりました
9月 (長月)	初秋・新秋・爽秋・新涼・清涼	九月に入りましてもなお、日差しの強い毎日です／暑さもやっとおとろえはじめたようでございます／残暑も去り、ずいぶんとしのぎやすくなってまいりました
10月 (神無月)	清秋・錦秋・秋涼・秋冷・寒露	秋風もさわやかな過ごしやすい季節となりました／街路樹の葉も日ごとに色を増しております／紅葉の便りの聞かれるころとなりました／秋深く、日増しに冷気も加わってまいりました
11月 (霜月)	晩秋・暮秋・霜降・初霜・向寒	立冬を迎え、まさに冬到来を感じる寒さです／木枯らしの季節になりました／日ごとに冷気が増すようでございます／朝夕はひときわ冷え込むようになりました
12月 (師走)	寒冷・初冬・師走・歳晩	師走を迎え、何かと慌ただしい日々をお過ごしのことと存じます／年の瀬も押しつまり、何かとお忙しくお過ごしのことと存じます／今年も残すところわずかとなりました、お忙しい毎日とお察しいたします

いますぐデキる
シチュエーション別会話例

シチュエーション1　　取引先との会話

「非常に素晴らしいお話で感心しました」→NG！

　「感心する」は相手の立派な行為や，優れた技量などに心を動かされるという意味。意味としては間違いではないが，目上の人に用いると，偉そうに聞こえかねない表現。「感動しました」などに言い換えるほうが好ましい。

シチュエーション2　　子どもとの会話

「お母さんは，明日はいますか？」→NG！

　たとえ子どもとの会話でも，子どもの年齢によっては，ある程度の敬語を使うほうが好ましい。「明日はいらっしゃいますか」では，むずかしすぎると感じるならば，「お出かけですか」などと表現することもできる。

シチュエーション3　　同僚との会話

「今，お暇ですか」→NG？

　同じ立場同士なので，暇に「お」が付いた形で「お暇」ぐらいでも構わないともいえるが，「暇」というのは，するべきことも何もない時間という意味。そのため「お暇ですか」では，あまりにも直接的になってしまう。その意味では「手が空いている」→「空いていらっしゃる」→「お手透き」などに言い換えることで，やわらかく敬意も含んだ表現になる。

シチュエーション4　　上司との会話

「なるほどですね」→NG！

　「なるほど」とは，相手の言葉を受けて，自分も同意見であることを表すため，相手の言葉・意見を自分が評価するというニュアンスも含まれている。そのため自分が評価して述べているという偉そうな表現にもなりかねない。同じ同意ならば，頷き「おっしゃる通りです」などの言葉のほうが誤解なく伝わる。

就活スケジュールシート

■年間スケジュールシート

1月	2月	3月	4月	5月	6月
企業関連スケジュール					
自己の行動計画					

就職活動をすすめるうえで，当然重要になってくるのは，自己のスケジュール管理だ。企業の選考スケジュールを把握することも大切だが，自分のペースで進めることになる自己分析や業界・企業研究，面接試験のトレーニング等の計画を立てることも忘れてはいけない。スケジュールシートに「記入」する作業を通して，短期・長期の両方の面から就職試験を考えるきっかけにしよう。

7月	8月	9月	10月	11月	12月
企業関連スケジュール					
自己の行動計画					

第4章

SPI対策

ほとんどの企業では，基本的な資質や能力を見極める
ため適性検査を実施しており，現在最も使われている
のがリクルートが開発した「SPI」である。

テストの内容は，「言語能力」「非言語能力」「性格」
の３つに分かれている。その人がどんな人物で，どん
な仕事で力を発揮しやすいのか，また，どんな組織に
なじみやすいかなどを把握するために行われる。

この章では，SPIの「言語能力」及び「非言語能力」の
分野で，頻出内容を絞って，演習問題を構成している。
演習問題に複数回チャレンジし，解説をしっかりと熟
読して，学習効果を高めよう。

SPI 対策

●SPIとは

　SPIは，Synthetic Personality Inventoryの略称で，株式会社リクルートが開発・販売を行っている就職採用向けのテストである。昭和49年から提供が始まり，平成14年と平成25年の2回改訂が行われ，現在はSPI3が最新になる。

　SPIは，応募者の仕事に対する適性，職業の適性能力，興味や関心を見極めるのに適しており，現在の就職採用テストでは主流となっている。

　SPIは，「知的能力検査」と「性格検査」の2領域にわけて測定され，知的能力検査は「言語能力検査（国語）」と「非言語能力検査（数学）」に分かれている。オプション検査として，「英語（ENG）検査」を実施することもある。性格適性検査では，性格を細かく分析するために，非常に多くの質問が出される。SPIの性格適性検査では，正式な回答はなく，全ての質問に正直に答えることが重要である。

　本章では，その中から，「言語能力検査」と「非言語能力検査」に絞って収録している。

●SPIを利用する企業の目的

①：志望者から人数を絞る

　一部上場企業にもなると，数万単位の希望者が応募してくる。基本的な資質能力や会社への適性能力を見極めるため，SPIを使って，人数の絞り込みを行う。

②：知的能力を見極める

　SPIは，応募者1人1人の基本的な知的能力を比較することができ，それによって，受検者の相対的な知的能力を見極めることが可能になる。

③：性格をチェックする

　その職種に対する適性があるが，300程度の簡単な質問によって発想力やパーソナリティを見ていく。性格検査なので，正解というものはなく，正直に回答していくことが重要である。

●SPIの受検形式

　SPIは，企業の会社説明会や会場で実施される「ペーパーテスト形式」と，パソコンを使った「テストセンター形式」とがある。

　近年，ペーパーテスト形式は減少しており，ほとんどの企業が，パソコンを使ったテストセンター形式を採用している。志望する企業がどのようなテストを採用しているか，早めに確認し，対策を立てておくこと。

●SPIの出題形式

　SPIは，言語分野，非言語分野，英語 (ENG)，性格適性検査に出題形式が分かれている。

科目	出題範囲・内容
言語分野	二語の関係，語句の意味，語句の用法，文の並び換え，空欄補充，熟語の成り立ち，文節の並び換え，長文読解　等
非言語分野	推論，場合の数，確率，集合，損益算，速度算，表の読み取り，資料の読み取り，長文読み取り　等
英語 (ENG)	同意語，反意語，空欄補充，英英辞書，誤文訂正，和文英訳，長文読解　等
性格適性検査	質問：300問程度　時間：約35分

●受検対策

　本章では，出題が予想される問題を厳選して収録している。問題と解答だけではなく，詳細な解説も収録しているので，分からないところは複数回問題を解いてみよう。

言語分野

二語関係

同音異義語

●あいせき
哀惜　死を悲しみ惜しむこと
愛惜　惜しみ大切にすること

●いぎ
意義　意味・内容・価値
異議　他人と違う意見
威儀　いかめしい挙動
異義　異なった意味

●いし
意志　何かをする積極的な気持ち
意思　しようとする思い・考え

●いどう
異同　異なり・違い・差
移動　場所を移ること
異動　地位・勤務の変更

●かいこ
懐古　昔を懐かしく思うこと
回顧　過去を振り返ること
解雇　仕事を辞めさせること

●かいてい
改訂　内容を改め直すこと
改定　改めて定めること

●かんしん
関心　気にかかること
感心　心に強く感じること
歓心　嬉しいと思う心

寒心　肝を冷やすこと

●きてい
規定　規則・定め
規程　官公庁などの規則

●けんとう
見当　だいたいの推測・判断・
　　　めあて
検討　調べ究めること

●こうてい
工程　作業の順序
行程　距離・みちのり

●じき
直　　すぐに
時期　時・折り・季節
時季　季節・時節
時機　適切な機会

●しゅし
趣旨　趣意・理由・目的
主旨　中心的な意味

●たいけい
体型　人の体格
体形　人や動物の形態
体系　ある原理に基づき個々のも
　　　のを統一したもの
大系　系統立ててまとめた叢書

●たいしょう

対象　行為や活動が向けられる相手

対称　対応する位置にあること

対照　他のものと照らし合わせること

●**たんせい**

端正　人の行状が正しくきちんとしているさま

端整　人の容姿が整っているさま

●**はんざつ**

繁雑　ごたごたと込み入ること

煩雑　煩わしく込み入ること

●**ほしょう**

保障　保護して守ること

保証　確かだと請け合うこと

補償　損害を補い償うこと

●**むち**

無知　知識・学問がないこと

無恥　恥を知らないこと

●**ようけん**

要件　必要なこと

用件　なすべき仕事

同訓漢字

●**あう**

合う…好みに合う。答えが合う。

会う…客人と会う。立ち会う。

遭う…事故に遭う。盗難に遭う。

●**あげる**

上げる…プレゼントを上げる。効果を上げる。

挙げる…手を挙げる。全力を挙げる。

揚げる…凧を揚げる。てんぷらを揚げる。

●**あつい**

暑い…夏は暑い。暑い部屋。

熱い…熱いお湯。熱い視線を送る。

厚い…厚い紙。面の皮が厚い。

篤い…志の篤い人。篤い信仰。

●**うつす**

写す…写真を写す。文章を写す。

映す…映画をスクリーンに映す。鏡に姿を映す。

●**おかす**

冒す…危険を冒す。病に冒された人。

犯す…犯罪を犯す。法律を犯す。

侵す…領空を侵す。プライバシーを侵す。

●**おさめる**

治める…領地を治める。水を治める。

収める…利益を収める。争いを収める。

修める…学問を修める。身を修める。

納める…税金を納める。品物を納める。

●**かえる**

変える…世界を変える。性格を変える。

代える…役割を代える。背に腹は代えられぬ。

替える…円をドルに替える。服を
　　　替える。

●きく

聞く…うわさ話を聞く。明日の天
　　　気を聞く。

聴く…音楽を聴く。講義を聴く。

●しめる

閉める…門を閉める。ドアを閉め
　　　る。

締める…ネクタイを締める。気を
　　　引き締める。

絞める…首を絞める。絞め技をか
　　　ける。

●すすめる

進める…足を進める。話を進める。

勧める…縁談を勧める。加入を勧
　　　める。

薦める…生徒会長に薦める。

●つく

付く…傷が付いた眼鏡。気が付く。

着く…待ち合わせ場所の公園に着
　　　く。地に足が着く。

就く…仕事に就く。外野の守備に
　　　就く。

●つとめる

務める…日本代表を務める。主役
　　　を務める。

努める…問題解決に努める。療養
　　　に努める。

勤める…大学に勤める。会社に勤
　　　める。

●のぞむ

望む…自分の望んだ夢を追いかけ
　　　る。

臨む…記者会見に臨む。決勝に臨
　　　む。

●はかる

計る…時間を計る。将来を計る。

測る…飛行距離を測る。水深を測
　　　る。

●みる

見る…月を見る。ライオンを見る。

診る…患者を診る。脈を診る。

演習問題

1 カタカナで記した部分の漢字として適切なものはどれか。

1 手続きがハンザツだ　　　　　　　【汎雑】
2 誤りをカンカすることはできない　【観過】
3 ゲキヤクなので取扱いに注意する　【激薬】
4 クジュウに満ちた選択だった　　　【苦重】
5 キセイの基準に従う　　　　　　　【既成】

2 下線部の漢字として適切なものはどれか。

家で飼っている熱帯魚を<u>かんしょう</u>する。

1 干渉
2 観賞
3 感傷
4 勧奨
5 鑑賞

3 下線部の漢字として適切なものはどれか。

彼に責任を<u>ついきゅう</u>する。

1 追窮
2 追究
3 追給
4 追求
5 追及

4 下線部の語句について，両方とも正しい表記をしているものはどれか。

1 私と母とは<u>相生</u>がいい。 ・この歌を<u>愛唱</u>している。
2 それは<u>規成</u>の事実である。 ・<u>既製品</u>を買ってくる。
3 同音<u>異義語</u>を見つける。 ・会議で<u>意議</u>を申し立てる。
4 選挙の<u>大勢</u>が決まる。 ・作曲家として<u>大成</u>する。
5 <u>無常</u>の喜びを味わう。 ・<u>無情</u>にも雨が降る。

5 下線部の漢字として適切なものはどれか。

彼の体調は<u>かいほう</u>に向かっている。

1 介抱
2 快方
3 解放
4 回報
5 開放

○○○解答・解説○○○

1 5

解説 1 「煩雑」が正しい。「汎」は「汎用(はんよう)」などと使う。2 「看過」が正しい。「観」は「観光」や「観察」などと使う。 3 「劇薬」が正しい。「少量の使用であってもはげしい作用のするもの」という意味であるが「激」を使わないことに注意する。 4 「苦渋」が正しい。苦しみ悩むという意味で,「苦悩」と同意であると考えてよい。 5 「既成概念」などと使う場合もある。同音で「既製」という言葉があるが, これは「既製服」や「既製品」という言葉で用いる。

2 2

解説 同音異義語や同訓異字の問題は, その漢字を知っているだけでは対処できない。「植物や魚などの美しいものを見て楽しむ」場合は「観賞」を用いる。なお,「芸術作品」に関する場合は「鑑賞」を用いる。

3 5

解説 「ついきゅう」は,特に「追究」「追求」「追及」が頻出である。「追究」は「あることについて徹底的に明らかにしようとすること」,「追求」は「あるものを手に入れようとすること」,「追及」は「後から厳しく調べること」という意味である。ここでは,「責任」という言葉の後にあるので,「厳しく」という意味が含まれている「追及」が適切である。

4 4

解説 1の「相生」は「相性」,2の「規成」は「既成」,3の「意議」は「異議」, 5の「無常」は「無上」が正しい。

5 2

解説 「快方」は「よい方向に向かっている」という意味である。なお,1は病気の人の世話をすること,3は束縛を解いて自由にすること,4は複数人で回し読む文書,5は出入り自由として開け放つ, の意味。

四字熟語

☐曖昧模糊　あいまいもこ―はっきりしないこと。

☐阿鼻叫喚　あびきょうかん―苦しみに耐えられないで泣き叫ぶこと。はなはだしい惨状を形容する語。

☐暗中模索　あんちゅうもさく―暗闇で手さぐりでものを探すこと。様子がつかめずどうすればよいかわからないままやってみること。

☐以心伝心　いしんでんしん―無言のうちに心から心に意思が通じ合うこと。

☐一言居士　いちげんこじ―何事についても自分の意見を言わなければ気のすまない人。

☐一期一会　いちごいちえ――生のうち一度だけの機会。

☐一日千秋　いちじつせんしゅう――日会わなければ千年も会わないように感じられることから，一日が非常に長く感じられること。

☐一念発起　いちねんほっき―決心して信仰の道に入ること。転じてある事を成就させるために決心すること。

☐一網打尽　いちもうだじん――網打つだけで多くの魚を捕らえることから，一度に全部捕らえること。

☐一獲千金　いっかくせんきん――時にたやすく莫大な利益を得ること。

☐一挙両得　いっきょりょうとく――つの行動で二つの利益を得ること。

☐意馬心猿　いばしんえん―馬が走り，猿が騒ぐのを抑制できないことにたとえ，煩悩や欲望の抑えられないさま。

☐意味深長　いみしんちょう―意味が深く含蓄のあること。

☐因果応報　いんがおうほう―よい行いにはよい報いが，悪い行いには悪い報いがあり，因と果とは相応じるものであるということ。

☐慇懃無礼　いんぎんぶれい―うわべはあくまでも丁寧だが，実は尊大であること。

☐有為転変　ういてんぺん―世の中の物事の移りやすくはかない様子のこと。

☐右往左往　うおうさおう―多くの人が秩序もなく動き，あっちへ行ったりこっちへ来たり，混乱すること。

□右顧左眄　うこさべん―右を見たり，左を見たり，周囲の様子ばかりう
　　　　　　かがっていて決断しないこと。

□有象無象　うぞうむぞう―世の中の無形有形の一切のもの。たくさん集
　　　　　　まったつまらない人々。

□海千山千　うみせんやません―経験を積み，その世界の裏まで知り抜い
　　　　　　ている老獪な人。

□紆余曲折　うよきょくせつ―まがりくねっていること。事情が込み入っ
　　　　　　て，状況がいろいろ変化すること。

□雲散霧消　うんさんむしょう―雲や霧が消えるように，あとかたもなく
　　　　　　消えること。

□栄枯盛衰　えいこせいすい―草木が繁り，枯れていくように，盛んになっ
　　　　　　たり衰えたりすること。世の中の浮き沈みのこと。

□栄耀栄華　えいようえいが―権力や富貴をきわめ，おごりたかぶること。

□会者定離　えしゃじょうり―会う者は必ず離れる運命をもつというこ
　　　　　　と。人生の無常を説いたことば。

□岡目八目　おかめはちもく―局外に立ち，第三者の立場で物事を観察す
　　　　　　ると，その是非や損失がよくわかるということ。

□温故知新　おんこちしん―古い事柄を究め新しい知識や見解を得るこ
　　　　　　と。

□臥薪嘗胆　がしんしょうたん―たきぎの中に寝，きもをなめる意で，目
　　　　　　的を達成するのために苦心，苦労を重ねること。

□花鳥風月　かちょうふうげつ―自然界の美しい風景，風雅のこころ。

□我田引水　がでんいんすい―自分の利益となるように発言したり行動し
　　　　　　たりすること。

□画竜点睛　がりょうてんせい―竜を描いて最後にひとみを描き加えたと
　　　　　　ころ，天に上ったという故事から，物事を完成させるために
　　　　　　最後に付け加える大切な仕上げ。

□夏炉冬扇　かろとうせん―夏の火鉢，冬の扇のようにその場に必要のな
　　　　　　い事物。

□危急存亡　ききゅうそんぼう―危機が迫ってこのまま生き残れるか滅び
　　　　　　るかの瀬戸際。

□疑心暗鬼　ぎしんあんき―心の疑いが妄想を引き起こして実際にはいな
　　　　　　い鬼の姿が見えるようになることから，疑心が起こると何で

もないことまで恐ろしくなること。

□玉石混交　ぎょくせきこんこう―すぐれたものとそうでないものが入り混じっていること。

□荒唐無稽　こうとうむけい―言葉や考えによりどころがなく，とりとめもないこと。

□五里霧中　ごりむちゅう―迷って考えの定まらないこと。

□針小棒大　しんしょうぼうだい―物事を大袈裟にいうこと。

□大同小異　だいどうしょうい―細部は異なっているが総体的には同じであること。

□馬耳東風　ばじとうふう―人の意見や批評を全く気にかけず聞き流すこと。

□波瀾万丈　はらんばんじょう―さまざまな事件が次々と起き，変化に富むこと。

□付和雷同　ふわらいどう――定の見識がなくただ人の説にわけもなく賛同すること。

□粉骨砕身　ふんこつさいしん―力の限り努力すること。

□羊頭狗肉　ようとうくにく―外見は立派だが内容がともなわないこと。

□竜頭蛇尾　りゅうとうだび―初めは勢いがさかんだが最後はふるわないこと。

□臨機応変　りんきおうへん―時と場所に応じて適当な処置をとること。

演習問題

1 「海千山千」の意味として適切なものはどれか。
1　様々な経験を積み，世間の表裏を知り尽くしてずる賢いこと
2　今までに例がなく，これからもあり得ないような非常に珍しいこと
3　人をだまし丸め込む手段や技巧のこと
4　一人で千人の敵を相手にできるほど強いこと
5　広くて果てしないこと

2 四字熟語として適切なものはどれか。
1 竜頭堕尾
2 沈思黙考
3 孟母断危
4 理路正然
5 猪突猛伸

3 四字熟語の漢字の使い方がすべて正しいものはどれか。
1 純真無垢　　青天白日　　疑心暗鬼
2 短刀直入　　自我自賛　　危機一髪
3 厚顔無知　　思考錯誤　　言語同断
4 異句同音　　一鳥一石　　好機当来
5 意味深長　　興味深々　　五里霧中

4 「一蓮托生」の意味として適切なものはどれか。
1 一味の者を一度で全部つかまえること。
2 物事が順調に進行すること。
3 ほかの事に注意をそらさず，一つの事に心を集中させているさま。
4 善くても悪くても行動・運命をともにすること。
5 妥当なものはない。

5 故事成語の意味で適切なものはどれか。
　「塞翁(さいおう)が馬」
1 たいして差がない
2 幸不幸は予測できない
3 肝心なものが欠けている
4 実行してみれば意外と簡単
5 努力がすべてむだに終わる

1 　1

解説 　2は「空前絶後」，3は「手練手管」，4は「一騎当千」，5は「広大無辺」である。

2 　2

解説 　2の沈思黙考は，「思いにしずむこと。深く考えこむこと。」の意味である。なお，1は竜頭蛇尾(始めは勢いが盛んでも，終わりにはふるわないこと)，3は孟母断機(孟子の母が織りかけの織布を断って，学問を中途でやめれば，この断機と同じであると戒めた譬え)，4は理路整然(話や議論の筋道が整っていること)，5は猪突猛進(いのししのように向こう見ずに一直線に進むこと)が正しい。

3 　1

解説 　2は「単刀直入」「自画自賛」，3は「厚顔無恥」「試行錯誤」「言語道断」，4は「異口同音」「一朝一夕」「好機到来」，5は「興味津々」が正しい。四字熟語の意味を理解する際，どのような字で書かれているかを意識するとよい。

4 　4

解説 　「一蓮托生」は，よい行いをした者は天国に行き，同じ蓮の花の上に生まれ変わるという仏教の教えから，「(ことの善悪にかかわらず)仲間として行動や運命をともにすること」をいう。

5 　2

解説 　「塞翁が馬」は「人間万事塞翁が馬」と表す場合もある。1は「五十歩百歩」，3は「画竜点睛に欠く」，4は「案ずるより産むが易し」，5は「水泡に帰する」の故事成語の意味である。

文法

I 品詞の種類

II 動詞の活用形

活用	基本	語幹	未然	連用	終止	連体	仮定	命令
五段	読む	読	ま　も	み	む	む	め	め
上一段	見る	見	み	み	みる	みる	みれ	みよ
下一段	捨てる	捨	て	て	てる	てる	てれ	てよ　てろ
カ変	来る	来	こ	き	くる	くる	くれ	こい
サ変	する	す	さ　し　せ	し	する	する	すれ	せよ　しろ
	主な接続語		ナイ　ウ・ヨウ	マス　テ・タ	言い切る	コト　トキ	バ	命令

III 形容詞の活用形

基本	語幹	未然	連用	終止	連体	仮定	命令
美しい	うつくし	かろ	かっ　く	い	い	けれ	○
主な用法		ウ	ナル　タ	言い切る	体言	バ	

IV 形容動詞の活用形

基本	語幹	未然	連用	終止	連体	仮定	命令
静かだ	静か	だろ	だっ　で　に	だ	な	なら	○
主な用法		ウ	タ　アル　ナル	言い切る	体言	バ	

V　文の成分

主語・述語の関係………花が — 咲いた。
修飾・被修飾の関係……きれいな — 花。
接続の関係………………花が咲いた<u>ので</u>，花見をした。
並立の関係………………<u>赤い花</u>と<u>白い花</u>。
補助の関係………………花が<u>咲いている</u>。（二文節で述語となっている）

〈副詞〉自立語で活用せず，単独で文節を作り，多く連用修飾語を作る。

状態を表すもの…………ついに・さっそく・しばらく・ぴったり・すっかり
程度を表すもの…………もっと・すこし・ずいぶん・ちょっと・ずっと
陳述の副詞………………決して〜ない・なぜ〜か・たぶん〜だろう・もし〜ば

〈助動詞〉付属語で活用し，主として用言や他の助動詞について意味を添える。

① 使役……せる・させる（学校に行か<u>せる</u>　服を着<u>させる</u>）
② 受身……れる・られる（先生に怒ら<u>れる</u>　人に見<u>られる</u>）
③ 可能……れる・られる（歩いて行か<u>れる</u>距離　まだ着<u>られる</u>服）
④ 自発……れる・られる（ふと思い出さ<u>れる</u>　容態が案じ<u>られる</u>）
⑤ 尊敬……れる・られる（先生が話さ<u>れる</u>　先生が来<u>られる</u>）
⑥ 過去・完了……た（話を聞い<u>た</u>　公園で遊ん<u>だ</u>）
⑦ 打消……ない・ぬ（僕らは知ら<u>ない</u>　知ら<u>ぬ</u>存ぜ<u>ぬ</u>）
⑧ 推量……だろう・そうだ（晴れる<u>だろう</u>　晴れ<u>そうだ</u>）
⑨ 意志……う・よう（旅行に行こ<u>う</u>　彼女に告白し<u>よう</u>）
⑩ 様態……そうだ（雨が降り<u>そうだ</u>）
⑪ 希望……たい・たがる（いっぱい遊び<u>たい</u>　おもちゃを欲し<u>がる</u>）
⑫ 断定……だ（悪いのは相手の方<u>だ</u>）
⑬ 伝聞……そうだ（試験に合格した<u>そうだ</u>）
⑭ 推定……らしい（明日は雨<u>らしい</u>）
⑮ 丁寧……です・ます（それはわたし<u>です</u>　ここにあり<u>ます</u>）
⑯ 打消推量・打消意志……まい（そんなことはある<u>まい</u>　けっして言う<u>まい</u>）

〈助詞〉付属語で活用せず，ある語について，その語と他の語との関係を補助したり，意味を添えたりする。

① 格助詞……主として体言に付き，その語と他の語の関係を示す。
　→が・の・を・に・へ・と・から・より・で・や

② 副助詞……いろいろな語に付いて，意味を添える。
　→は・も・か・こそ・さえ・でも・しか・まで・ばかり・だけ・など

③ 接続助詞……用言・活用語に付いて，上と下の文節を続ける。
　→ば・けれども・が・のに・ので・ても・から・たり・ながら

④ 終助詞……文末（もしくは文節の切れ目）に付いて意味を添える。
　→なあ（感動）・よ（念押し）・な（禁止）・か（疑問）・ね（念押し）

演習問題

1 次のア～オのうち，下線部の表現が適切でないものはどれか。

1　彼はいつもまわりに愛嬌をふりまいて，場を和やかにしてくれる。
2　的を射た説明によって，よく理解することができた。
3　舌先三寸で人をまるめこむのではなく，誠実に説明する。
4　この重要な役目は，彼女に白羽の矢が当てられた。
5　二の舞を演じないように，失敗から学ばなくてはならない。

2 次の文について，言葉の用法として適切なものはどれか。

1　矢折れ刀尽きるまで戦う。
2　ヘルプデスクに電話したが「分かりません」と繰り返すだけで取り付く暇もなかった。
3　彼の言動は肝に据えかねる。
4　彼は証拠にもなく何度も賭け事に手を出した。
5　適切なものはない。

3 下線部の言葉の用法として適切なものはどれか。

1　彼はのべつ暇なく働いている。
2　あの人の言動は常軌を失っている。
3　彼女は熱に泳がされている。
4　彼らの主張に対して間髪をいれずに反論した。
5　彼女の自分勝手な振る舞いに顔をひそめた。

4 次の文で，下線部が適切でないものはどれか。

1　ぼくの目標は，兄より早く走れるように<u>なること</u>です。
2　先生の<u>おっしゃること</u>をよく聞くのですよ。
3　昨日は家で本を読んだり，テレビを<u>見て</u>いました。
4　風にざわめく木々は，まるで私たちにあいさつをして<u>いるようだった</u>。
5　先生の業績については，よく<u>存じております</u>。

5 下線部の言葉の用法が適切でないものはどれか。

1　<u>急いては事を仕損じる</u>ので，マイペースを心がける。
2　彼女は<u>目端が利く</u>。
3　<u>世知辛い</u>世の中になったものだ。
4　安全を<u>念頭に置いて</u>作業を進める。
5　次の試験に<u>標準を合わせて</u>勉強に取り組む。

○○○解答・解説○○○

1　4

解説　1の「愛嬌をふりまく」は，おせじなどをいい，明るく振る舞うこと，2の「的を射る」は的確に要点をとらえること，3の「舌先三寸」は口先だけの巧みに人をあしらう弁舌のこと，4はたくさんの中から選びだされるという意味だが，「白羽の矢が当てられた」ではなく，「白羽の矢が立った」が正しい。5の「二の舞を演じる」は他人がした失敗を自分もしてしまうという意味である。

2　5

解説　1「刀折れ矢尽きる」が正しく，「なす術がなくなる」という意味である。　2　話を進めるきっかけが見つからない。すがることができない，という意味になるのは「取り付く島がない」が正しい。　3　「言動」という言葉から，「我慢できなくなる」という意味の言葉を使う必要がある。「腹に据えかねる」が正しい。　4　「何度も賭け事に手を出した」という部分から「こりずに」という意味の「性懲りもなく」が正しい。

3 4

解説 1「のべつ幕なしに」，2は「常軌を逸している」，3は「熱に浮かされている」，5は「眉をひそめた」が正しい。

4 3

解説 3は前に「読んだり」とあるので，後半も「見たり」にしなければならないが，「見ていました」になっているので表現として適当とはいえない。

5 5

解説 5は，「狙う，見据える」という意味の「照準」を使い，「照準を合わせて」と表記するのが正しい。

演習問題

1 次の文章の内容と一致するものはどれか。

　そもそも神学というものは一般に何かある特定の宗教の信仰内容を論理的な教義に組織したものであります。どういう宗教でも伝道ということを意図する以上は，人を説得するために必ずそういう神学をもたざるをえない。世界的宗教というような，そういう一般人類に通ずる宗教ということを標榜する宗教においては，必ずその宗教を他に伝える伝道ということがその任務に属している。ところで伝道とは，言葉で人に語って，人を説得することをいうわけだから，そこにおのずから論理的に思考し論証するということがなければならなくなる。論理的ということは，そういう場合には論証的，推論的ということになる。ただわれわれが物を考えるというだけならば必ずしも論理的とはいわれない。（略）論理的ということは推論的ということである。ヘーゲルが論理的というのはそういう推論的という意味です。

1　ヘーゲルのいう推論は，論理性を離れたものを前提としている。
2　世界宗教の開祖は，自らの教義の確立の時点において，神学の構築を意識していた。
3　私たちの思考は，必然的に論理的なものになりうる。
4　論理的であることと，推論的であることは，互いに深い繋がりがある。
5　宗教的な信仰は，純粋な感情を出発点にするので，論理による説得にはなじまない。

2 次の文の空欄に入る語句として，最も適切なものはどれか。

　自分がその真只中を生きている老いがある一方には，まだ若い年齢で遠くから眺めている老いというものもあります。老化の進行する具体的体験を持たぬ分だけ，それはいわば観念としての老いであり，観察対象としての老いであるかもしれない。しかし見方によっては，そこに老人自身が描くのとは異なった老いの客観像が浮かび出ているとも言えるでしょう。

　文学作品の場合，もし若くして老年や老人を描くとしたら，その中に特別の意味が隠されているように思われます。自らが渦中にある老いを捉えた優れた小説に切実なリアリティーが宿るのは確かですが，（　　　）には，

また別の，いわば思念としての切実さやリアリティーが孕まれているのではないでしょうか。人の生涯を遠望した上で，その終りに近い老年に託されたものの姿が垣間見えると考えられるからです。

1 当事者の立場から感じられる老い
2 傍観者として眺められた老い
3 距離を置いて眺められた老い
4 実体験に基づいた老い
5 想像力のみによってとらえられた老い

3 次の文章の要旨として正しいものはどれか。

　私たちは，日常の生活の中で話したり聞いたり，書いたり読んだりしている。すなわち，言語行動は日常生活の中におり込まれている。ちょっと考えてみても，朝起きると新聞を「読む」，出かける前に天気予報を「聞く」，店先で買い物をしたり，役所の窓口で手つづきをしたりするときは「言う」あるいは「話す」，遠くの人に用事があれば手紙を「書く」。——こうした言語行動は，そのことだけ切りはなされていとなまれるのではなく，いろいろな目的を持ち，さまざまの結果につながっている。新聞を読むことによって知識を得たり教養をつんだり，そこから自分の生活の方針を考えたりすることができる。天気予報を聞くのは，傘を用意するかしないか，遠方へ出かけるかどうか，これからの行動を決行することに関係する。店先で買物をするとき店員と話したり，銀行の窓口でものを言ったりすることは，何よりも切実な〈経済生活〉を遂行するためには不可欠のことである。

　こんな例からもわかるように，言語行動は日常生活の中に位置して，その重要な部分をなしている。家庭であろうと，店先であろうと，学校であろうと，オフィスであろうと，はたまた，駅であろうと，路上であろうと，人と人との寄り合うところには，必ず言語行動が行われる。

1 言語には「話す」「聞く」「書く」「読む」の4つの側面がある。
2 話し言葉，書き言葉にはそれぞれの役割がある。
3 言語を駆使できないと，社会生活に支障をきたす。
4 人間が社会生活を営めるのは言語を持っているからだ。
5 社会生活にとって，言語は不可欠である。

4 次の文章中で筆者が友人たちに対して感じた「よそよそしさ」の原因と考えられるものはどれか。

　一九五八年，おそらく戦後はじめての大がかりな規模の日本古美術欧州巡回展が開催されたことがある。当時パリに留学中であった私は，思いがけなく，日本でもそう容易に見ることのできない数多くの故国の秘宝と直接異国で接する機会を得たわけだが，その時，フランス人の友人たちと何回か会場を廻りながら，私は大変興味深い体験を味わった。

　それは，同じ作品を前にしながら，フランスの友人たちの反応の仕方と私自身のそれとのあいだに微妙な喰い違いのあるのに気づかされたことである。といってそれは，彼らが必ずしも日本美術に無理解だというのではない。私の通っていたパリの美術研究所の優秀な仲間で，東洋美術についてかなり深い知識を持っている人でも事情は同じなのである。一般的に言って，彼らの作品評価はおおむね正当である。おおむね正当でありながら，ほんのわずかのところでわれわれ日本人と喰い違っている。そのほんのわずかの喰い違いというのが私には意味深いことのように思われたのである。

　そのことはおそらく，その古美術展の会場で，私がフランス人の友人たちに対し，例えば，ルーヴル美術館をいっしょに見る時などには決して感じたことのないような一種のよそよそしさを感じたことと無縁ではないに違いない。平素は何の気がねもなくつきあっている気心の知れた友人たちが雪舟や等伯の作品を前にしていると，ほとんどそれと気づかないくらいわずかながら，私から距離が遠くなったように感じられたのである。それはあるいは，私ひとりの思い過ごしであったのかもしれない。われわれのあいだで会話は平素と少しも変った調子を響かせなかったし，友人たちの方でも何ら変った態度を見せたわけではない。いやおそらくそういう私自身にしても，外から見たかぎりではまったくふだんと同じであったろう。しかもそれでいて私が彼らに対して漠然とながら一種のよそよそしさを覚えたとしたら，それはいったい何を物語っていたのだろう。

1　日本古美術に対する友人たちの無関心
2　雪舟や等伯に対する友人たちの無関心
3　雪舟や等伯に対する友人たちの違和感
4　日本画に対する友人たちの不見識
5　友人たちの自国（フランス）の文化に対する優越感

5 次の文章の下線部はどのようなことを指しているか。

　珠算での計算において，ソロバンの珠の動かし方そのものは単純である。数時間もあれば，そのやり方を学ぶことができる。そこで，その後の珠算塾での「学習」は，もっぱら計算（珠の操作）が速くなることに向けられる。一定時間内に，桁数の大きい数の計算がどのくらいたくさん誤りなくできるかによって珠算の「実力」が評価され，「級」や「段」が与えられる。子どもたちは，より上の級に上がるため，珠算での計算の速度を速めるよう練習をくり返すのである。

　そこでは多くの場合，なぜこのやり方はうまくいくのか，このステップはどんな意味をもっているのか，などを考えてみようとはしないであろう。教えられたやり方を使って計算しさえすれば，正しい答えがちゃんと出てくるし，何度もくり返し練習すれば確実に速くなる。そして望み通り，級も上へと進むことができるのである。したがって，珠算での熟達者は，計算は非常に速いが，珠算の手続きの本質的意味については理解していない，ということが起こりやすい。

　　1　教えられたやり方を疑ってみること
　　2　なぜ珠算が熟達したのかと考えてみること
　　3　なぜ珠算を練習する必要があるのかということ
　　4　珠算の各ステップはどんな意味を持っているのかということ
　　5　珠算の習熟には計算能力の向上以外の意義があるということ

6 次の文の要旨として，正しいものはどれか。

　法律では，十八歳になると誰でも自分の生き方を選ぶ権利がある，ということになっている。つまり法律上誰でも「自由」を保証される。でもここには原則がある。

　近代社会では，人が「自由」を保証されるのは，人間が生まれつき自由だから，というのではぜんぜんありません。十八歳くらいになれば，他人の自由を尊重することができ，万一誰かの自由を損なったらきちんとそれを償う能力があるはずだ，ということです。他人の自由を尊重し，守れる能力がある，そのことで，はじめて人は「自由」と「人権」を保証される。そういう原則になっている。それが「自由の相互承認」ということです。

　こう言うと，「だったら身障者の人たちはどうなるんだ」という人もいるでしょう。たしかにそうで，知力や身体性に難があるために，他人の自由を損なったとき，それを補償する能力をもたない人もいるが，そういう人には人権はないのか，と。

これは責任と義務を共有できる人間どうしで，そういう人の自由と権利も確保しようという合意を取り決めているのです。誰でも自分の家族にそういうハンデある人を身内としてもつ可能性があるわけですから。

1　18歳未満の子供には，自由と人権は与えてはならない。
2　どんな人にでも，自由と人権は無条件で保証されるべきだ。
3　近代社会では18歳になれば，だれにでも自由は与えられる。
4　自由と人権を獲得するには，責任能力を持つ必要がある。
5　障害者の人たちには，自由と人権は与えられていない。

7　次の文章の内容として一致しているものはどれか。

　多くの場合，「批判」という言葉を聞いて連想することは，「相手を攻撃する」などといったイメージである。しかしながら，批判とは，本来，検討を充分に加えた上で批評するものであり，また，「批判」と訳されるドイツ語のクリティークは，「よいものを選び取る」というニュアンスが強い。いずれにしても，相手を感情的に攻撃することとは，似て非なるものであるといえよう。

　かつて，シュンペーターという経済学者は，同時代に活躍した経済学者であるケインズについて，真っ向から異なる見解を述べながら批評を続けた。一方，ケインズが亡くなった後に書いた追悼論文では，異なる見解を述べることを控えつつ，亡き学者の実績と学説を細部にいたるまでまとめ上げた。私達は，ここに本来あるべき批判の姿勢をみることができる。

　自らと異なる見解を持つ者に感情をぶつけることは本当の意味での批判でなく，ましてや学問のあるべき姿勢にはなじまない。異なる見解だからこそ，詳細に検討し，誤りと考える部分をその根拠を挙げながら論理的に指摘し，筋道立てて自説を展開しければならない。

1　批判の出発点は，相手を攻撃することである。
2　ドイツ語のクリティークという概念こそ，批判の対象となるべきものである。
3　ケインズとシュンペーターは，互いの経済学説について激しい論争を繰り広げた。
4　ケインズについて述べたシュンペーターによる追悼論文には，詳細な研究の跡が反映されていた。
5　学者にとって批判精神は命そのものであり，批判の型も個性的なものでなければならない。

○○○解答・解説○○○

1 4

解説 藤田正勝編『哲学の根本問題 数理の歴史主義展開』P69より。
1 最後の一文と一致しない。 2 宗教の開祖についての言及はない。
3 「ただわれわれが物を考えるというだけならば必ずしも論理的とはいわれない。」の部分と一致しない。 4 正しい。「論理的ということは，そういう場合には論証的，推論的ということになる。」という部分の主旨と一致する。 5 伝道の際に，人々を説得するために，信仰内容を論理的な教義に組織した神学が不可欠であるとしている。

2 3

解説 黒井千次『老いるということ』。 1 適切でない。空欄直前の「自らが渦中にある老いを捉えた優れた小説に切実なリアリティーが宿るのは確かですが」と矛盾する。空欄には，高齢者の立場から老いを論じる態度を表す語句は入らない。 2 適切でない。「傍観者」という言葉では，老いに対する関心が希薄な意味合いに受け取られる。 3 適切。まだ高齢者ではない人の視点から老いの本質を客観的に分析する態度を指している。 4 適切でない。設問が要求しているのは，自分自身が老いをまだ経験していないという前提に基づいている語句である。 5 適切でない。空欄後の「切実さやリアリティー」と矛盾する。想像力だけでは老いの本質をとらえるには不十分。

3 5

解説 金田一春彦『話し言葉の技術』。 1 言語の持つ4つの側面について，筆者は例を挙げて説明しているが，設問文の要旨としては不十分。 2 設問文は，話し言葉と書き言葉の役割について述べた文ではない。言語の性質について論じている。 3 日本に住む外国人が，必ずしも日本語を駆使できなくても暮らしていけるように，言語を駆使できるレベルでなくても社会生活を営むことはできる。また言語を駆使できないと生活に支障をきたすとは，どういうことかについての具体的な記述がない。
4 人間以外の動物も仲間とコミュニケーションをとり，社会生活を営んでいる。 5 正しい。私たちが社会生活を営む際に，言語を用いないですませるということはまったく考えられない。

4 3

解説 高階秀爾『日本近代美術史論』。雪舟，（長谷川）等伯は，ともに日本を代表する水墨画家である。雪舟は室町時代，等伯は安土桃山時代に活躍した。雪舟の代表作は「四季山水図」，等伯の代表作は「松林図屏風」である。　1　友人たちが日本古美術に対してまったく関心がないのなら，筆者に同行することはあり得ない。　2　友人たちは，雪舟や等伯の作品に対して大いに関心を持っていた。　3　正しい。友人たちのよそよそしさは，雪舟と等伯の作品に対する言葉では言い表せない違和感が原因と考えられる。　4　日本画に対する不見識とはあまりにも的外れである。　5　友人たちが，自国の文化に対する優越感のせいで，雪舟や等伯を理解できなかったとはまったく考えられない。

5 4

解説 稲垣佳世子・波多野誼余夫『人はいかに学ぶか』。この文章の要旨は，「珠算塾では計算（珠の操作）が速くなることを練習する。子どもたちの目的も，速く誤りなく計算し，上の級に上がることである。そこでは多くの場合，なぜこのやり方はうまくいくのか，このステップはどんな意味をもっているのかなどを考えてみようとはしないであろう。」ということ。「珠算の手続き」とは珠の動かし方であり，桁のくり上がりやくり下がりなど，「この問題のときはこの動かし方」という練習して覚えた各ステップのこと。「珠算の手続きの本質的意味」とは，「なぜ珠をそのように動かすのか」，「この手続きは数学的にどのような意味をもつのか」ということである。よって，正答は4。

6 4

解説 竹田青嗣『中学生からの哲学「超」入門』より。　1　18歳になれば法律上自由に生き方を選択する権利があるが，18歳未満の子供に自由や人権がまったくないということではない。　2　本文は近代社会において人が自由と人権を得るための条件について論じている。無条件ということではない。　3　18歳になれば法律上誰でも自由を保証されるのであって，無条件で自由になれるわけではない。　4　正しい。自分の行動に責任が持てるようになって初めて自由と人権が与えられる。その目安を法律は18歳と定めている。　5　障害者にも自由と人権が保証される。現代社会では，障害者に責任能力がないという理由で，自由や人権が与えられな

いということは現実的ではない。

7 4

解説 1 批判とは，本来は，検討を十分に加えるものであるとの記述がある。 2 ドイツ語のクリティークについては，むしろ肯定的に捉えられている。 3 ケインズがシュンペーターを批判したとの記述はない。 4 正しい。第2段落の内容と一致している。 5 批判精神そのものを重視する記述や，批判の型が個性的であるべきという記述はない。

非言語分野

計算式・不等式

演習問題

1 分数 $\dfrac{30}{7}$ を小数で表したとき，小数第100位の数字として正しいものはどれか。

　1　1　　2　2　　3　4　　4　5　　5　7

2 $x = \sqrt{2} - 1$ のとき，$x + \dfrac{1}{x}$ の値として正しいものはどれか。

　1　$2\sqrt{2}$　　2　$2\sqrt{2} - 2$　　3　$2\sqrt{2} - 1$　　4　$3\sqrt{2} - 3$
　5　$3\sqrt{2} - 2$

3 360の約数の総和として正しいものはどれか。

　1　1060　　2　1170　　3　1250　　4　1280　　5　1360

4 $\dfrac{x}{2} = \dfrac{y}{3} = \dfrac{z}{5}$ のとき，$\dfrac{x - y + z}{3x + y - z}$ の値として正しいものはどれか。

　1　-2　　2　-1　　3　$\dfrac{1}{2}$　　4　1　　5　$\dfrac{3}{2}$

5 $\dfrac{\sqrt{2}}{\sqrt{2} - 1}$ の整数部分を a，小数部分を b とするとき，$a \times b$ の値として正しいものは次のうちどれか。

　1　$\sqrt{2}$　　2　$2\sqrt{2} - 2$　　3　$2\sqrt{2} - 1$　　4　$3\sqrt{2} - 3$
　5　$3\sqrt{2} - 2$

6 $x = \sqrt{5} + \sqrt{2}$，$y = \sqrt{5} - \sqrt{2}$ のとき，$x^2 + xy + y^2$ の値として正しいものはどれか。

　1　15　　2　16　　3　17　　4　18　　5　19

$\boxed{7}$ $\dfrac{\sqrt{2}}{\sqrt{2}-1}$ の整数部分をa, 小数部分をbとするとき, b^2の値として正しいものはどれか。

1　$2-\sqrt{2}$　　2　$1+\sqrt{2}$　　3　$2+\sqrt{2}$　　4　$3+\sqrt{2}$

5　$3-2\sqrt{2}$

$\boxed{8}$ ある中学校の生徒全員のうち, 男子の7.5%, 女子の6.4%を合わせて37人がバドミントン部員であり, 男子の2.5%, 女子の7.2%を合わせて25人が吹奏楽部員である。この中学校の女子全員の人数は何人か。

1　246人　　2　248人　　3　250人　　4　252人　　5　254人

$\boxed{9}$ 連続した3つの正の偶数がある。その小さい方2数の2乗の和は, 一番大きい数の2乗に等しいという。この3つの数のうち, 最も大きい数として正しいものはどれか。

1　6　　2　8　　3　10　　4　12　　5　14

○○○解答・解説○○○

$\boxed{1}$ 5

解説　実際に30を7で割ってみると,
$\dfrac{30}{7}=4.28571428571\cdots\cdots$ となり, 小数点以下は, 6つの数字"285714"が繰り返されることがわかる。$100\div6=16$余り4だから, 小数第100位は, "285714"のうちの4つ目の"7"である。

$\boxed{2}$ 1

解説　$x=\sqrt{2}-1$を$x+\dfrac{1}{x}$に代入すると,

$$x+\dfrac{1}{x}=\sqrt{2}-1+\dfrac{1}{\sqrt{2}-1}=\sqrt{2}-1+\dfrac{\sqrt{2}+1}{(\sqrt{2}-1)(\sqrt{2}+1)}$$

$$=\sqrt{2}-1+\dfrac{\sqrt{2}+1}{2-1}$$

$$=\sqrt{2}-1+\sqrt{2}+1=2\sqrt{2}$$

3 2

解説 360を素因数分解すると，$360 = 2^3 \times 3^2 \times 5$ であるから，約数の総和は $(1 + 2 + 2^2 + 2^3)(1 + 3 + 3^2)(1 + 5) = (1 + 2 + 4 + 8)(1 + 3 + 9)(1 + 5) = 15 \times 13 \times 6 = 1170$ である。

4 4

解説 $\dfrac{x}{2} = \dfrac{y}{3} = \dfrac{z}{5} = A$ とおく。

$x = 2A,\ y = 3A,\ z = 5A$ となるから，

$x - y + z = 2A - 3A + 5A = 4A,\ 3x + y - z = 6A + 3A - 5A = 4A$

したがって，$\dfrac{x - y + z}{3x + y - z} = \dfrac{4A}{4A} = 1$ である。

5 4

解説 分母を有理化する。

$\dfrac{\sqrt{2}}{\sqrt{2} - 1} = \dfrac{\sqrt{2}(\sqrt{2} + 1)}{(\sqrt{2} - 1)(\sqrt{2} + 1)} = \dfrac{2 + \sqrt{2}}{2 - 1} = 2 + \sqrt{2} = 2 + 1.414\cdots = 3.414\cdots$

であるから，$a = 3$ であり，$b = (2 + \sqrt{2}) - 3 = \sqrt{2} - 1$ となる。

したがって，$a \times b = 3(\sqrt{2} - 1) = 3\sqrt{2} - 3$

6 3

解説 $(x + y)^2 = x^2 + 2xy + y^2$ であるから，

$x^2 + xy + y^2 = (x + y)^2 - xy$ と表せる。

ここで，$x + y = (\sqrt{5} + \sqrt{2}) + (\sqrt{5} - \sqrt{2}) = 2\sqrt{5}$，

$xy = (\sqrt{5} + \sqrt{2})(\sqrt{5} - \sqrt{2}) = 5 - 2 = 3$

であるから，求める $(x + y)^2 - xy = (2\sqrt{5})^2 - 3 = 20 - 3 = 17$

7 5

解説 分母を有理化すると，

$\dfrac{\sqrt{2}}{\sqrt{2} - 1} = \dfrac{\sqrt{2}(\sqrt{2} + 1)}{(\sqrt{2} - 1)(\sqrt{2} + 1)} = \dfrac{2 + \sqrt{2}}{2 - 1} = 2 + \sqrt{2}$

$\sqrt{2} = 1.4142\cdots\cdots$ であるから，$2 + \sqrt{2} = 2 + 1.4142\cdots\cdots = 3.14142\cdots\cdots$

したがって，$a = 3$，$b = 2 + \sqrt{2} - 3 = \sqrt{2} - 1$ といえる。

したがって，$b^2 = (\sqrt{2} - 1)^2 = 2 - 2\sqrt{2} + 1 = 3 - 2\sqrt{2}$ である。

$\boxed{8}$ 3

解説 男子全員の人数を x，女子全員の人数を y とする。

$0.075x + 0.064y = 37\cdots①$

$0.025x + 0.072y = 25\cdots②$

①－②×3 より

$$\begin{array}{r} \left\{\begin{array}{l} 0.075x + 0.064y = 37\cdots① \\ 0.075x + 0.216y = 75\cdots②' \end{array}\right. \\ \hline -0.152y = -38 \end{array}$$
$-)$

$\therefore\quad 152y = 38000 \qquad \therefore\quad y = 250 \quad x = 280$

よって，女子全員の人数は250人。

$\boxed{9}$ 3

解説 3つのうちの一番小さいものを $x(x>0)$ とすると，連続した3つの正の偶数は，$x,\ x+2,\ x+4$ であるから，与えられた条件より，次の式が成り立つ。$x^2+(x+2)^2=(x+4)^2$　かっこを取って，$x^2+x^2+4x+4=x^2+8x+16$　整理して，$x^2-4x-12=0$　よって，$(x+2)(x-6)=0$　よって，$x=-2,\ 6$　$x>0$ だから，$x=6$ である。したがって，3つの偶数は，6，8，10である。このうち最も大きいものは，10である。

演習問題

1　家から駅までの道のりは30kmである。この道のりを，初めは時速5km，途中から，時速4kmで歩いたら，所要時間は7時間であった。時速5kmで歩いた道のりとして正しいものはどれか。

　　1　8km　　2　10km　　3　12km　　4　14km　　5　15km

2　横の長さが縦の長さの2倍である長方形の厚紙がある。この厚紙の四すみから，一辺の長さが4cmの正方形を切り取って，折り曲げ，ふたのない直方体の容器を作る。その容積が64cm³のとき，もとの厚紙の縦の長さとして正しいものはどれか。

　　1　$6-2\sqrt{3}$　　2　$6-\sqrt{3}$　　3　$6+\sqrt{3}$　　4　$6+2\sqrt{3}$
　　5　$6+3\sqrt{3}$

3　縦50m，横60mの長方形の土地がある。この土地に，図のような直角に交わる同じ幅の通路を作る。通路の面積を土地全体の面積の$\frac{1}{3}$以下にするには，通路の幅を何m以下にすればよいか。

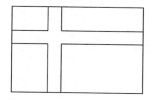

　　1　8m　　2　8.5m　　3　9m　　4　10m
　　5　10.5m

4　下の図のような，曲線部分が半円で，1周の長さが240mのトラックを作る。中央の長方形ABCDの部分の面積を最大にするには，直線部分ADの長さを何mにすればよいか。次から選べ。

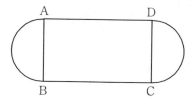

　　1　56m　　2　58m　　3　60m　　4　62m　　5　64m

5 AとBの2つのタンクがあり，Aには8m³，Bには5m³の水が入っている。Aには毎分1.2m³，Bには毎分0.5m³ずつの割合で同時に水を入れ始めると，Aの水の量がBの水の量の2倍以上になるのは何分後からか。正しいものはどれか。

　　1　8分後　　　2　9分後　　　3　10分後　　　4　11分後　　　5　12分後

○○○解答・解説○○○

1 2

解説　時速5kmで歩いた道のりを$x$kmとすると，時速4kmで歩いた道のりは，$(30-x)$kmであり，時間＝距離÷速さ　であるから，次の式が成り立つ。

$$\frac{x}{5}+\frac{30-x}{4}=7$$

　　両辺に20をかけて，$4x+5(30-x)=7\times20$

整理して，$4x+150-5x=140$

　　よって，$x=10$ である。

2 4

解説　厚紙の縦の長さを$x$cmとすると，横の長さは$2x$cmである。また，このとき，容器の底面は，縦$(x-8)$cm，横$(2x-8)$cmの長方形で，容器の高さは4cmである。

厚紙の縦，横，及び，容器の縦，
横の長さは正の数であるから，
　$x>0$，$x-8>0$，$2x-8>0$
すなわち，$x>8$……①
容器の容積が64cm³であるから，
$4(x-8)(2x-8)=64$となり，
　$(x-8)(2x-8)=16$
これより，$(x-8)(x-4)=8$
$x^2-12x+32=8$となり，$x^2-12x+24=0$
よって，$x=6\pm\sqrt{6^2-24}=6\pm\sqrt{12}=6\pm2\sqrt{3}$
このうち①を満たすものは，$x=6+2\sqrt{3}$

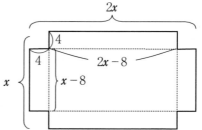

$\boxed{3}$ 4

解 説 通路の幅を x m とすると，$0<x<50$……①
また，$50x+60x-x^2\leqq1000$
よって，$(x-10)(x-100)\geqq0$
したがって，$x\leqq10$，$100\leqq x$……②
①②より，$0<x\leqq10$　つまり，10m以下。

$\boxed{4}$ 3

解 説 直線部分ADの長さを x m とおくと，$0<2x<240$ より，
x のとる値の範囲は，$0<x<120$ である。

半円の半径を r m とおくと，
$2\pi r=240-2x$ より，
$$r=\frac{120}{\pi}-\frac{x}{\pi}=\frac{1}{\pi}(120-x)$$
長方形ABCDの面積を y m² とすると，
$$y=2r\cdot x=2\cdot\frac{1}{\pi}(120-x)x$$
$$=-\frac{2}{\pi}(x^2-120x)$$
$$=-\frac{2}{\pi}(x-60)^2+\frac{7200}{\pi}$$

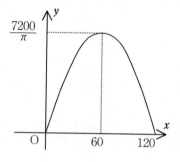

この関数のグラフは，図のようになる。y は $x=60$ のとき最大となる。

$\boxed{5}$ 3

解 説 x 分後から2倍以上になるとすると，題意より次の不等式が成り
立つ。
$$8+1.2x\geqq2(5+0.5x)$$
かっこをはずして，$8+1.2x\geqq10+x$
整理して，$0.2x\geqq2$　よって，$x\geqq10$
つまり10分後から2倍以上になる。

演習問題

1 1個のさいころを続けて3回投げるとき，目の和が偶数になるような場合は何通りあるか。正しいものを選べ。

1 106通り 　　2 108通り 　　3 110通り 　　4 112通り
5 115通り

2 A，B，C，D，E，Fの6人が2人のグループを3つ作るとき，AとBが同じグループになる確率はどれか。正しいものを選べ。

1 $\dfrac{1}{6}$ 　　2 $\dfrac{1}{5}$ 　　3 $\dfrac{1}{4}$ 　　4 $\dfrac{1}{3}$ 　　5 $\dfrac{1}{2}$

○○○解答・解説○○○

1 2

解説 和が偶数になるのは，3回とも偶数の場合と，偶数が1回で，残りの2回が奇数の場合である。さいころの目は，偶数と奇数はそれぞれ3個だから，

(1) 3回とも偶数：$3 \times 3 \times 3 = 27$〔通り〕

(2) 偶数が1回で，残りの2回が奇数
　　・偶数/奇数/奇数：$3 \times 3 \times 3 = 27$〔通り〕
　　・奇数/偶数/奇数：$3 \times 3 \times 3 = 27$〔通り〕
　　・奇数/奇数/偶数：$3 \times 3 \times 3 = 27$〔通り〕

したがって，合計すると，$27 + (27 \times 3) = 108$〔通り〕である。

2 2

解説 A，B，C，D，E，Fの6人が2人のグループを3つ作るときの，すべての作り方は$\dfrac{_6C_2 \times _4C_2}{3!} = 15$通り。このうち，AとBが同じグループになるグループの作り方は$\dfrac{_4C_2}{2!} = 3$通り。よって，求める確率は$\dfrac{3}{15} = \dfrac{1}{5}$である。

演習問題

1 次の図で，直方体ABCD－EFGHの辺 AB，BCの中点をそれぞれ M，Nとする。この直方体を3点M，F，Nを通る平面で切り，頂点B を含むほうの立体をとりさる。AD＝DC ＝8cm，AE＝6cmのとき，△MFNの 面積として正しいものはどれか。

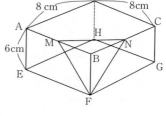

1　$3\sqrt{22}$〔cm²〕　　2　$4\sqrt{22}$〔cm²〕

3　$5\sqrt{22}$〔cm²〕　　4　$4\sqrt{26}$〔cm²〕

5　$4\sqrt{26}$〔cm²〕

2 右の図において，四角形ABCDは円に内 接しており，弧BC＝弧CDである。AB，AD の延長と点Cにおけるこの円の接線との交点 をそれぞれP，Qとする。AC＝4cm，CD＝ 2cm，DA＝3cmとするとき，△BPCと△ APQの面積比として正しいものはどれか。

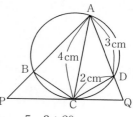

1　1:5　　2　1:6　　3　1:7　　4　2:15　　5　3:20

3 1辺の長さが15のひし形がある。その対角線の長さの差は6である。 このひし形の面積として正しいものは次のどれか。

1　208　　2　210　　3　212　　4　214　　5　216

4 右の図において，円C_1の 半径は2，円C_2の半径は5，2 円の中心間の距離は$O_1O_2＝9$ である。2円の共通外接線lと2 円C_1，C_2との接点をそれぞれA， Bとするとき，線分ABの長さ として正しいものは次のどれ か。

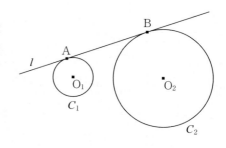

1　$3\sqrt{7}$　　2　8　　3　$6\sqrt{2}$　　4　$5\sqrt{3}$　　5　$4\sqrt{5}$

5 下の図において，点Eは，平行四辺形ABCDの辺BC上の点で，AB
＝AEである。また，点Fは，線分AE上の点で，∠AFD＝90°である。
∠ABE＝70°のとき，∠CDFの大きさとして正しいものはどれか。

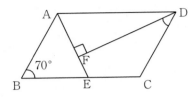

1　48°　　2　49°　　3　50°　　4　51°　　5　52°

6 底面の円の半径が4で，母線の長さが
12の直円すいがある。この円すいに内接
する球の半径として正しいものは次のど
れか。

1　$2\sqrt{2}$

2　3

3　$2\sqrt{3}$

4　$\dfrac{8}{3}\sqrt{2}$

5　$\dfrac{8}{3}\sqrt{3}$

○○○解答・解説○○○

1 2

解説　△MFNはMF＝NFの二等辺三角形。MB＝$\dfrac{8}{2}$＝4，BF＝6より，

MF^2＝4^2＋6^2＝52

また，MN＝$4\sqrt{2}$

FからMNに垂線FTを引くと，△MFTで三平方の定理より，

FT^2＝MF^2－MT^2＝52－$\left(\dfrac{4\sqrt{2}}{2}\right)^2$＝52－8＝44

よって，FT＝$\sqrt{44}$＝$2\sqrt{11}$

したがって，△MFN＝$\dfrac{1}{2}$・$4\sqrt{2}$・$2\sqrt{11}$＝$4\sqrt{22}$〔cm^2〕

2 3

解説 ∠PBC＝∠CDA，∠PCB＝∠BAC＝∠CADから，
△BPC∽△DCA
相似比は2：3，面積比は，4：9
また，△CQD∽△AQCで，相似比は1：2，面積比は1：4
したがって，△DCA：△AQC＝3：4
よって，△BPC：△DCA：△AQC＝4：9：12
さらに，△BPC∽△CPAで，相似比1：2，面積比1：4
よって，△BPC：△APQ＝4：（16＋12）＝4：28＝1：7

3 5

解説 対角線のうちの短い方の長さの半分の長さをxとすると，長い方の対角線の長さの半分は，$(x+3)$と表せるから，三平方の定理より次の式がなりたつ。

$$x^2+(x+3)^2=15^2$$

整理して，$2x^2+6x-216=0$　よって，$x^2+3x-108=0$
$(x-9)(x+12)=0$より，$x=9，-12$　xは正だから，$x=9$である。
したがって，求める面積は，$4\times\dfrac{9\times(9+3)}{2}=216$

4 5

解説 円の接線と半径より
$O_1A\perp l$，$O_2B\perp l$であるから，
点O_1から線分O_2Bに垂線O_1Hを
下ろすと，四角形AO_1HBは長方
形で，
　$HB=O_1A=2$だから，
$O_2H=3$
△O_1O_2Hで三平方の定理より，
　$O_1H=\sqrt{9^2-3^2}=6\sqrt{2}$
　よって，$AB=O_1H=6\sqrt{2}$

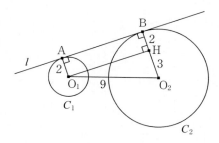

5 3

解説 ∠AEB＝∠ABE＝70°より，∠AEC＝180－70＝110°
また，∠ABE＋∠ECD＝180°より，∠ECD＝110°
四角形FECDにおいて，四角形の内角の和は360°だから，
∠CDF＝360°－（90°＋110°＋110°）＝50°

6 1

解説 円すいの頂点をA，球の中心を
O，底面の円の中心をHとする。3点A, O,
Hを含む平面でこの立体を切断すると，
断面は図のような二等辺三角形とその内
接円であり，求めるものは内接円の半径
OHである。

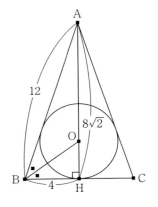

　△ABHで三平方の定理より，
　　AH＝$\sqrt{12^2 - 4^2}$＝$8\sqrt{2}$

　　Oは三角形ABCの内心だから，BO
は∠ABHの2等分線である。

　よって，AO：OH＝BA：BH＝3：1

　　OH＝$\dfrac{1}{4}$AH＝$2\sqrt{2}$

演習問題

1️⃣ O市，P市，Q市の人口密度（1km² あたりの人口）を下表に示してある，O市とQ市の面積は等しく，Q市の面積はP市の2倍である。

市	人口密度
O	390
P	270
Q	465

このとき，次の推論ア，イの正誤として，正しいものはどれか。

　ア　P市とQ市を合わせた地域の人口密度は300である

　イ　P市の人口はQ市の人口より多い

　　1　アもイも正しい

　　2　アは正しいが，イは誤り

　　3　アは誤りだが，イは正しい

　　4　アもイも誤り

　　5　アもイもどちらとも決まらない

2️⃣ 2から10までの数を1つずつ書いた9枚のカードがある。A，B，Cの3人がこの中から任意の3枚ずつを取ったところ，Aの取ったカードに書かれていた数の合計は15で，その中には，5が入っていた。Bの取ったカードに書かれていた数の合計は16で，その中には，8が入っていた。Cの取ったカードに書かれていた数の中に入っていた数の1つは，次のうちのどれか。

　　1　2　　　2　3　　　3　4　　　4　6　　　5　7

3️⃣ 体重の異なる8人が，シーソーを使用して，一番重い人と2番目に重い人を選び出したい。シーソーでの重さ比べを，少なくとも何回行わなければならないか。ただし，シーソーには両側に1人ずつしか乗らないものとする。

　　1　6回　　　2　7回　　　3　8回　　　4　9回　　　5　10回

4　A～Fの6人がゲーム大会をして，優勝者が決定された。このゲーム大会の前に6人は，それぞれ次のように予想を述べていた。予想が当たったのは2人のみで，あとの4人ははずれであった。予想が当たった2人の組み合わせとして正しいものはどれか。

　A　「優勝者は，私かCのいずれかだろう。」
　B　「優勝者は，Aだろう。」
　C　「Eの予想は当たるだろう。」
　D　「優勝者は，Fだろう。」
　E　「優勝者は，私かFのいずれかだろう。」
　F　「Aの予想ははずれるだろう。」
　　1　A，B　　2　A，C　　3　B，D　　4　C，D　　5　D，E

5　ある会合に参加した人30人について調査したところ，傘を持っている人，かばんを持っている人，筆記用具を持っている人の数はすべて1人以上29人以下であり，次の事実がわかった。
　ⅰ）傘を持っていない人で，かばんを持っていない人はいない。
　ⅱ）筆記用具を持っていない人で，かばんを持っている人はいない。
　このとき，確実に言えるのは次のどれか。
　1　かばんを持っていない人で，筆記用具を持っている人はいない。
　2　傘を持っている人で，かばんを持っている人はいない。
　3　筆記用具を持っている人で，傘を持っている人はいない。
　4　傘を持っていない人で，筆記用具を持っていない人はいない。
　5　かばんを持っている人で，傘を持っている人はいない。

6　次A，B，C，D，Eの5人が，順に赤，緑，白，黒，青の5つのカードを持っている。また赤，緑，白，黒，青の5つのボールがあり，各人がいずれか1つのボールを持っている。各自のカードの色とボールの色は必ずしも一致していない。持っているカードの色とボールの色の組み合わせについてア，イのことがわかっているとき，Aの持っているボールの色は何色か。ただし，以下でXとY2人の色の組み合わせが同じであるとは，「Xのカード，ボールの色が，それぞれYのボール，カードの色と一致」していることを意味する。
　ア　CとEがカードを交換すると，CとDの色の組み合わせだけが同じになる。
　イ　BとDがボールを交換すると，BとEの色の組み合わせだけが同じ

になる。

1 青　　2 緑　　3 黒　　4 赤　　5 白

○○○解答・解説○○○

1 3

解説　「O市とQ市の面積は等しく，Q市の面積はP市の2倍」ということから，仮にO市とQ市の面積を1km²，P市の面積を2km²と考える。

ア…P市の人口は270×2＝540人，Q市の人口は465×1＝465人で，2
　　つの市を合わせた地域の面積は3km2なので，人口密度は，（540＋
　　465）÷3＝335人になる。

イ…P市の人口は540人，Q市は465人なので，P市の方が多いので正しい
　　といえる。

よって推論アは誤りだが，推論イは正しい。

よって正解は3である。

2 3

解説　まず，Bが取った残りの2枚のカードに書かれていた数の合計は，16－8＝8である。したがって2枚のカードはどちらも6以下である。ところが「5」はAが取ったカードにあるから除くと，「2」，「3」，「4」，「6」の4枚となるが，この中で2数の和が8になるのは，「2」と「6」しかない。

　次にAが取った残りの2枚のカードに書かれていた数の合計は，15－5＝10である。したがって2枚のカードはどちらも8以下である。この中で，すでにA自身やBが取ったカードを除くと「3」，「4」，「7」の3枚となるが，この中で2数の和が10になるのは，「3」と「7」のみである。

　以上のことから，Cの取った3枚のカードは，AとBが取った残りの「4」「9」「10」である。

3 4

解説　全員の体重が異なるのだから，1人ずつ比較するしかない。したがって一番重い人を見つけるには，8チームによるトーナメント試合数，すなわち8－1＝7（回）でよい。図

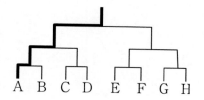

は8人をA〜Hとしてその方法を表したもので，Aが最も重かった場合である。次に2番目に重い人の選び出し方であるが，2番目に重い人の候補になるのは，図でAと比較してAより軽いと判断された3人である。すなわち最初に比較したBと，2回目に比較したC，Dのうちの重い方と，最後にAと比較したE〜Hの中で一番重い人の3人である。そしてこの3人の中で一番重い人を見つける方法は2回でよい。結局，少なくとも7＋2＝9（回）の重さ比べが必要であるといえる。

4 1

解説 下の表は，縦の欄に優勝したと仮定した人。横の欄に各人の予想が当たったか（○）はずれたか（×）を表したものである。

	A	B	C	D	E	F
A	○	○	×	×	×	×
B	×	×	×	×	×	○
C	○	×	×	×	×	×
D	×	×	×	×	×	○
E	×	×	○	×	○	○
F	×	×	○	○	○	○

「予想が当たったのは，2人のみ」という条件を満たすのは，Aが優勝したと仮定したときのAとBのみである。よって，1が正しい。

5 3

解説 ⅰ）ⅱ）より集合の包含関係は図のようになっている。

図より，傘を持っていない人の集合と，筆記用具を持っていない人の集

合の共通部分は空集合であり，選択肢1，2，3，5については必ずしも空集合とは限らない。

したがって，確実に言えるのは「傘を持っていない人で，筆記用具を持っていない人はいない」のみである。

6 5

解説 最初の状態は，

	A	B	C	D	E
カード	赤	緑	白	黒	青

まずアより，EとCがカードを交換した場合，CとDの色の組み合わせだけが同じになることから，ボールの色が次のように決まる。

	A	B	C	D	E
カード	赤	緑	青	黒	白
ボール			黒	青	

つまり，Cのボールが黒，Dのボールが青と決まる。
カード交換前のカードの色で表すと，

	A	B	C	D	E
カード	赤	緑	白	黒	青
ボール			黒	青	

さらにイより，BとDがボールを交換すると，BとEの色の組み合わせだけが同じになることから，Eのボールの色が緑ときまる。つまり，

	A	B	C	D	E
カード	赤	緑	白	黒	青
ボール			黒	青	緑

ここで，Bのボールの色が白だとすると，Dとボールを交換したときに，CとDが黒と白で同じ色の組み合わせになってしまう。したがって，Aのボールの色が白，Bのボールの色が赤といえる。

つまり，次のように決まる。

	A	B	C	D	E
カード	赤	緑	白	黒	青
ボール	白	赤	黒	青	緑

● 情報提供のお願い ●

　就職活動研究会では，就職活動に関する情報を募集しています。

　エントリーシートやグループディスカッション，面接，筆記試験の内容等について情報をお寄せください。ご応募はメールアドレス（edit@kyodo-s.jp）へお願いいたします。お送りくださいました方々には薄謝をさしあげます。

　ご協力よろしくお願いいたします。

会社別就活ハンドブックシリーズ

タカラトミーの
就活ハンドブック

編　者	就職活動研究会
発　行	令和6年2月25日
発行者	小貫輝雄
発行所	協同出版株式会社

　〒 101－0054
　東京都千代田区神田錦町2－5
　　電話　03－3295－1341
　　振替　東京00190－4－94061

印刷所　協同出版・POD工場

落丁・乱丁はお取り替えいたします

●2025年度版●
会社別就活ハンドブックシリーズ
【全111点】

運　輸

東日本旅客鉄道の就活ハンドブック	小田急電鉄の就活ハンドブック
東海旅客鉄道の就活ハンドブック	阪急阪神 HD の就活ハンドブック
西日本旅客鉄道の就活ハンドブック	商船三井の就活ハンドブック
東京地下鉄の就活ハンドブック	日本郵船の就活ハンドブック

機　械

三菱重工業の就活ハンドブック	浜松ホトニクスの就活ハンドブック
川崎重工業の就活ハンドブック	村田製作所の就活ハンドブック
IHI の就活ハンドブック	クボタの就活ハンドブック
島津製作所の就活ハンドブック	

金　融

三菱 UFJ 銀行の就活ハンドブック	野村證券の就活ハンドブック
三菱 UFJ 信託銀行の就活ハンドブック	りそなグループの就活ハンドブック
みずほ FG の就活ハンドブック	ふくおか FG の就活ハンドブック
三井住友銀行の就活ハンドブック	日本政策投資銀行の就活ハンドブック
三井住友信託銀行の就活ハンドブック	

建設・不動産

三菱地所の就活ハンドブック	鹿島建設の就活ハンドブック
三井不動産の就活ハンドブック	大成建設の就活ハンドブック
積水ハウスの就活ハンドブック	清水建設の就活ハンドブック
大和ハウス工業の就活ハンドブック	

資源・素材

旭旭化成グループの就活ハンドブック	関西電力の就活ハンドブック
東レの就活ハンドブック	日本製鉄の就活ハンドブック
ワコールの就活ハンドブック	中部電力の就活ハンドブック

九州電力の就活ハンドブック

自動車

トヨタ自動車の就活ハンドブック

デンソーの就活ハンドブック

本田技研工業の就活ハンドブック

日産自動車の就活ハンドブック

商　社

三菱商事の就活ハンドブック

伊藤忠商事の就活ハンドブック

住友商事の就活ハンドブック

双日の就活ハンドブック

丸紅の就活ハンドブック

豊田通商の就活ハンドブック

三井物産の就活ハンドブック

情報通信・IT

NTT データの就活ハンドブック

サイバーエージェントの就活ハンドブック

NTT ドコモの就活ハンドブック

LINE ヤフーの就活ハンドブック

野村総合研究所の就活ハンドブック

SCSK の就活ハンドブック

日本電信電話の就活ハンドブック

富士ソフトの就活ハンドブック

KDDI の就活ハンドブック

日本オラクルの就活ハンドブック

ソフトバンクの就活ハンドブック

GMO インターネットグループ

楽天の就活ハンドブック

オービックの就活ハンドブック

mixi の就活ハンドブック

DTS の就活ハンドブック

グリーの就活ハンドブック

TIS の就活ハンドブック

食品・飲料

サントリー HD の就活ハンドブック

日本たばこ産業 の就活ハンドブック

味の素の就活ハンドブック

日清食品グループの就活ハンドブック

キリン HD の就活ハンドブック

山崎製パンの就活ハンドブック

アサヒグループ HD の就活ハンドブック

キユーピーの就活ハンドブック

生活用品

資生堂の就活ハンドブック

武田薬品工業の就活ハンドブック

花王の就活ハンドブック

電気機器

三菱電機の就活ハンドブック	パナソニックの就活ハンドブック
ダイキン工業の就活ハンドブック	富士通の就活ハンドブック
ソニーの就活ハンドブック	キヤノンの就活ハンドブック
日立製作所の就活ハンドブック	京セラの就活ハンドブック
ＮＥＣの就活ハンドブック	オムロンの就活ハンドブック
富士フイルム HD の就活ハンドブック	キーエンスの就活ハンドブック

保　険

東京海上日動火災保険の就活ハンドブック	三井住友海上火災保険の就活ハンドブック
第一生命ホールディングスの就活ハンドブック	損保ジャパンの就活ハンドブック

メディア

日本印刷の就活ハンドブック	エイベックスの就活ハンドブック
博報堂 DY の就活ハンドブック	東宝の就活ハンドブック
TOPPAN ホールディングスの就活ハンドブック	

流通・小売

ニトリ HD の就活ハンドブック	ZOZO の就活ハンドブック
イオンの就活ハンドブック	

エンタメ・レジャー

オリエンタルランドの就活ハンドブック	任天堂の就活ハンドブック
アシックスの就活ハンドブック	カプコンの就活ハンドブック
バンダイナムコ HD の就活ハンドブック	セガサミー HD の就活ハンドブック
コナミグループの就活ハンドブック	タカラトミーの就活ハンドブック
スクウェア・エニックス HD の就活ハンドブック	

▼会社別就活ハンドブックシリーズにつきましては，協同出版
のホームページからもご注文ができます。詳細は下記のサイ
トでご確認下さい。

https://kyodo-s.jp/examination_company